湛庐CHEERS

与最聪明的人共同进化

HERE COMES EVERYBODY

CHEERS
湛庐

持续下单

CONVERTED

[美] 尼尔·霍因（Neil Hoyne） 著
张溪梦 译

浙江科学技术出版社·杭州

测一测

数字营销如何做才能与客户建立长期关系?

扫码加入书架
领取阅读激励

- 未来10年，营销的成功将更多取决于：（单选题）

  A. 点击率

  B. 转化率

  C. 利润率

  D. 是否与客户建立长期关系

扫码获取全部
测试题及答案，
一起了解如何找到
高价值的客户

- 以下哪种行为不利于提高用户满意度？（单选题）

  A. 让顾客看到厨师在透明的厨房中烹制食物

  B. 免费为顾客升级房间

  C. 通过多个问题询问买房客户的需求

  D. 用“偏好簿”记录用户偏好

- 为了从所有客户中筛选出最优质的那一部分人，在数据分析阶段，我们应该着重做到以下哪项？（单选题）

  A. 时刻关注所有客户的反馈

  B. 自始至终用计算机分析数据

  C. 通过行为（购买的产品、访问网站的次数等参数）判断客户

  D. 创建用户角色模型（含年龄、性别、家庭收入等信息）

扫描左侧二维码查看本书更多测试题

献给这段不可思议的旅程中的我的

爱人和伴侣丽莎（Liza），

以及我的孩子汉密尔顿（Hamilton）

和伊丽莎白（Elizabeth）。

他们赋予了

这段旅程无尽的灵感。

推荐序
CONVERTED

与客户建立长期信任是“持续下单”的前提

张　坚
思科中国区原副总裁，
中国惠普政府事业部原总经理

在这个变化迅速且复杂、信息爆炸、人工智能技术高速发展、消费者注意力分散的时代，数字营销已经不再是简单的广告投放和促销活动。它要求我们深入理解客户的需求，与客户建立持久且有意义的关系。尼尔·霍因的《持续下单》正是在这一背景下应运而生的，《持续下单》是一本深入剖析数字营销精髓的作品，为我们提供了一种全新的视角和方法论。

作为一名在数字营销领域有着丰富经验的专家，尼尔不仅在谷歌的十年工作经历中积累了宝贵的实战经验，更在这本书中无私地分享了他的洞见和策略，也为我们揭开了数据分析与客户关系建立的神秘面纱。他深刻地指出，**数字营销的核心在于建立与客户的长期对话，而非一次性的交易。**这种理念的转变，对于每一个营销人员来说都是一次思维的革新。

我作为一个营销和销售职场"老兵"，一个差点成为尼尔谷歌同事（2006年，我受到谷歌的加入邀请，后来因想去民营企业挑战一下自己没有去谷歌）的专业营销和销售方法论实践者，我非常赞同尼尔在书中的观点。首先是书名《持续下单》，这与我们做大客户销售的理念是一致的，大客户不是大项目，是要做长线的，是长期主义，是"流水不争先，争的是滔滔不绝"。其本质是"持续下单"，与客户不断有业务往来，但前提是需要与客户建立信任，通过开展恰当的对话与客户建立牢不可破的关系。

此外，本书强调的所有内容均源于实践，是对成功经验和失败教训的总结，不涉及技术细节，并且**不受公司类型或行业类别的限制**。因此，无论你想要销售产品还是募捐，本书都会对你有所启发。我也特别认同这一观点，有力地反驳了那些过于强调公司类别或行业类别的学习和培训。我也常说“世上最厉害的武功是基本功”“工业品销售”“农业品销售”“互联网销售”等过于强调特殊性，忽略了共性和通识的，往往是“专家”给自己做定位，普适价值有限。我观察发现，越是强调自己所处的环境不同、所在的行业不同、面向的客户不同等，找各种理由的人，其认知、业绩和学习能力都需要提升。

书中关于客户选择的部分我也非常赞同，“明确你与客户的关系，找到最重要的那部分人”，找出能带来 80% 价值的 20% 的客户。这就是大客户选择和梳理的 2/8 法则，非常重要。还有“将高价值的客户留给自己，将低价值的客户留给竞争对手”，说得太好了，我也常说：不是所有客户都是你的客户。选择比努力更重要。识别出难缠的客户和喜欢占便宜的客户，把他们让给你的竞争对手。记住：**有一个糟糕的客户比没有客户更糟糕。**书中还有许多金句需要你自己阅读。

《持续下单》通过一系列生动的案例分析，展示了如何运用数据分析来揭示客户行为背后的深层次原因，以及如何通过精准的营销策略来引导客户的决策。更难能可贵的是，尼尔不仅仅关注于营销的技术和策略，更强调了与客户建立情感联系的重要性。他提倡的是一种更为人性化、更有温度的营销方式。

阅读这本书，你将获得：

- 深刻的市场洞察力，理解消费者行为的复杂性。
- 实用的数据分析技巧，以数据驱动营销决策。
- 创新的客户关系管理方法，构建持久的客户忠诚度。
- 启发性的思维模式，跳出传统营销的框架，探索新的增长路径。

无论你是营销新手还是资深专家，这本书都将为你打开一扇通往数字营销深层次理解的大门。尼尔·霍因的经验和智慧，无疑将为你的职业生涯带来宝贵的指导和灵感。

在这个竞争激烈的商业世界中，让我们跟随尼尔的引导，学会与客户建立真正的对话，实现从单次交易到持续下单的转变。这不仅是一本关于营销的书，更是一本关于如何在数字时代赢得人心的书。

译者序
CONVERTED

客户的长期增长
和企业的持续成功

在当今竞争异常激烈的数字化时代，赢得客户的心从来都不是一件容易的事情。企业不仅要面对瞬息万变的市场环境，还要处理海量的客户数据和不断变化的客户需求。如何在这样一个充满挑战的背景下，实现客户的长期增长和企业的持续成功？尼尔在他的《持续下单》一书中，给出了非常值得参考的答案。

《持续下单》不仅是一部欧美经典指南书体例的作品，更是一次引人入胜的探索之旅。它不仅教你如何通过有意义的对话来赢得客户的信任，更深入挖掘了如何建立持久关系和推动企业自我改进的策略。这本书将理论与实践紧密结合，通过客户对话之旅、建立优质关系、企业自我提升三大部分，系统地阐述了如何在数字时代赢得客户的持续青睐。

尼尔在序言中对这三大部分进行了详尽的介绍，这里就不再赘述了。我想强调的是，尼尔的观点在于，客户在数字时代早已不再是被动接受信息的对象，他们渴望与品牌建立真正的互动与交流。通过询问客户需求、倾听客户反馈，以及利用数据分析来洞察其中的信号，企业可以优化沟通策略，精准地找到优质客户，从而实现持续的订单增长。尤其是书中第三部分关于企业数字化转型的讨论，为追求可持续增长的中国企业提供了丰富的启示与借鉴。

在翻译过程中，有几处内容让我特别感兴趣，并认为值得与大家分享，希望这些点滴能够带给你一些启发。

- **对话的力量：**尼尔强调了在数字营销中的对话因素，即通过有效的对话策略，不仅能吸引客户购买产品，还能改变客户的行为，甚至增强品牌忠诚度。对话不再是单向的信息输出，而是一种双向的价值交流。
- **数据分析的重要性：**书中详细阐述了数字分析作为科学

依据的重要性，它帮助企业理性地评估营销活动对用户行为的影响，从而形成数据驱动的决策体系。

- **客户生命周期管理：**尼尔指出，通过深刻理解客户的行为模式，企业能够识别并聚焦高价值客户，采取更有针对性的策略来维系和发展这些关系，而不是试图将所有客户都转化为高价值客户。
- **数据驱动决策：**本书探讨了数据驱动决策的重要性，并通过多个实际案例展示了如何有效利用数据来指导营销活动的方向。这些案例为企业提供了清晰的操作模板，有助于在实际工作中加以应用。
- **制定合理的指标：**在评价绩效时，尼尔提醒我们要关注指标的合理性与可复现性，而不仅仅关注表现欠佳的指标。正确的指标设定可以确保企业走在正确的增长路径上。
- **同意并尊重结果：**书中还强调了对营销结果的尊重与接受，即在分析结果之前，企业内部应达成一致的测试目标，而非在结果产生后争论不休。
- **团队建设和领导力：**尼尔还讨论了如何构建一个能够有效利用数据的高效团队，并提供了相关的领导建议。这不仅仅是技术层面的提升，更是企业文化与管理能力的综合提升。

顺便一提，早在2016年，我创立的GrowingIO就开始引导企业关注客户生命周期价值（LTV）。我们发现，很多企业将过多的注意力放在单一的“留存”、“裂变”或“转化”上，而忽视了用户增长是一个需要综合考虑生命周期各阶段的复杂过程。这不仅仅是某个团队的任务，而是全公司上下的共同目标，需要大家一起转变观念，从尊重客户的个性化体验出发，结合数据分析，实现跨平台的用户体验一致性。

这也是我决定翻译并推荐《持续下单》的初衷。我衷心感谢出版社的努力，让这本书得以在今年与各位读者见面。这本书采用了非常易读的风格，对于想在数字营销中寻求突破的朋友们，我建议在阅读时多多结合书中的实际案例进行自我反思，看看哪些策略能够应用到自己的业务中。将理论付诸实践，将书中的策略融入日常工作，正是达成用户持续增长的重要一步。

与客户建立长期关系
才能让客户持续下单

数字营销需要坚守一种信念，即相信你可以吸引人们购买更多产品，吸引他们做出差异化选择，或者让他们对你的品牌保持忠诚——要知道当人们浏览网站时，你的产品信息仅仅被放置在大小为 250 像素 ×250 像素的广告条里，而人们通常会忽略这些信息。数字营销的核心在于精准把握时机，引发规模效应，让客户在发现八五折的优惠券之前就愿意以全价购买商品。数字营销还是一种承诺，在帮助客户达成心愿的同时让你获得相应的回报：他们的钱。

我的研究领域是数据分析，它是揭示并证明这种信念恰如其分的科学。如果视频软件 YouTube 不在用户观看下一个开箱视频前插入 6 秒钟的贴片广告，就不用分析用户的操作，也就不用制订关注度、点击率和转化率等衡量营销效果的指标。现实世界并不完美，通常情况是：我们花 90 天完成了一项粗糙的测试，得到的却只有一些经不起推敲的数据集。这或许在告诉我们：现实世界如同掷硬币一样具有不确定性。

在数字营销领域，我一直扮演多重角色：分析师、研究员、发明家、讲师和程序员，而最令我惭愧的是，我设计的很多漏斗图和韦恩图幻灯片华而不实，并没能给人们留下深刻的印象。我曾见证和参与销售额高达数十亿美元的成功案例，也曾眼见在自负和野心的驱动下，一些项目因为不实用而付出了巨大的代价。我也是在高管峰会上大力推进“数据驱动”（data driven）理念的人。

我在谷歌工作了 10 年，其间，有幸与谷歌的顶级广告商进行了 2 500 多次合作。我曾指导一些企业的新方案落地，这些方案为它们赢得了数百万客户，将转化率提升了超过 400%。据推测，由此产生的增量收入超过 20 亿美元。（我不清楚经济学家是如何得出这个数字的，但我喜欢这个数字，因此表示认同。人难免虚荣，我也不能免俗。）但是，和我认识的大多数分析师一样，屡屡遭遇失败的打击让我对自己的职业选择产生了怀疑。这是一个混乱的世界，而我身在其中。实际上，我们都无法置身事外。

你是否遇到过这样的事情：你以为自己得到的数字模型是经过精心打造的，但它有可能只不过是个随机数字生成器？我就经历过类似的事情。我曾目睹研究人员不断删除个别“异常值”，直到使数据模型产生的结果与产品经理的看法一致。我曾和一些高管合作，他们不断强调要将每一分钱花在刀刃上，却对购买大学橄榄球赛冠名权的行为不闻不问。当销售数据表明，他们的业绩回报还不如直接倒贴几百美元将产品送人时，这些高管却选择对数据提出质疑。有一次，我不得不和一个顾问团队合作，发现他们居然随意填报营业收入（下文简称“营收”）预估数据。这简直令人发指。我之所以知道数据是他们随意填写的，是因为报告的脚注中赫然写着“这些数字是我随便写的，请用实际数字替换”。这个顾问团队甚至都没有验证过这些数据。但显然没人会阅读脚注信息，就连董事会成员也不例外。

一些有责任心的高管和研究生曾向我请教组建成功的营

销团队的秘诀，他们会问：成功比失败多一次就够了吗？我们能从某些硅谷大佬“在失败中快速成长”这类老生常谈中获得真知灼见吗？

我曾经也想知道这些问题的答案，因此，在整个职业生涯中，我一直在寻找它们。

谷歌的 Partner Plex 大楼位于美国加利福尼亚州山景城的谷歌园区内，是我工作的地方。我的身边都是才华横溢、勤勉有加的工程师，正因为有了他们，谷歌的搜索引擎才能毫不费力地支持每秒 4 万次的搜索。当工程师马不停蹄地编写代码、管理系统、执行烦琐的运算时，我的团队也在积极地联系客户，为他们出谋划策。

我们热情地邀请世界各地的客户来访。在园区内，Partner Plex 大楼就是我们的领地。在这里，采用了人工智能技术的钢琴弹奏着它自创的独特乐曲，彩虹楼梯展示着最新的搜索趋势，还有一台虚拟现实设备可供人们绘制 3D 图像。面对这样的环境，即便是《查理和巧克力工厂》中神秘巧克力工厂的主人威利·旺卡见了也会渴望拥有一张金色的入场券。

Partner Plex 大楼内还有多间会议室，这些会议室就是我们工作的地方。它们专为面向未来的工作而设计，功能比常规的会议室更加完备。在会议室里，糖和提神饮料触手可及。在这里，人们将多个微型厨房镶嵌在一组抽拉式橱柜中，在橱柜的侧面可以看到激光蚀刻的“饮料”“食物”字样。这让人感觉能量充盈、元气满满。所有会议桌均由深色木板叠压而成、色调统一，你可以在上面打上“思考”字样。正是在这里，我们和谷歌的最大客户就其产品和垂直市场的未来发展开启了合作之旅。

目前，我担任谷歌客户分析全球负责人。但从担任数据分析师开始，我就一直很好奇：高管们如何根据我的团队所做的工作做决策，以及为什么拥有相同数据的两家公司通常会采取不同的策略？

这个问题时常困扰着我。**为什么掌握相同信息的公司会以完全不同的方式竞争？**随着时间的推移，一种模式在我的脑海中逐渐变得清晰：大多数公司的关注点在于某个关键的时间点、某句话，或者某次互动：嗨，接受我的提议吧！这些公司的营销人员借助数据修改广告的创意、配色，通过反复测试来调整某些措辞和语调。他们所做的一切都是为了马上获得客户的订单，但这种做法只具备短期效应。

我理解企业高管这种“急功近利”的行为，因为首席财务官要对广告支出负责。数字广告服务商提供的数据会让他们立即将点击率与购买行为联系起来。他们认为，他们每支出 1 美元的广告费，客户就会购买 10 美元的产品。在提供广告投放策略的同时，数字广告服务商还会为企业提供可视化的周数据分析图。这些信息会将首席营销官们困住，让他们相信某些时间点至关重要，并且所有这些关键时间点都可以测算出来。

对首席营销官而言，这种“投入要立刻换来回报”的想法同样合理。因为他们认为，广告营销的力度越大，收集的数据就越多，他们就越能充分地利用每个关键时间点。对风险投资人而言，如果没有亲身经历同样的挫败并付出相应的代价，然后将资产负债表付之一炬，他们就不会投资创新型企业、颠覆型企业或者任何采用新商业模式的企业。

直到他们被竞争对手超越。

其中一些公司认识到，如果不提升自身的发展速度，就无法赶上竞争对手。于是，他们来到 Partner Plex 大楼寻求在竞争中胜出的新方法。我们给出了建议：是否可以不优化现有业务，而是从与客户的长期关系入手，通过数据定位最佳客户群体，了解他们想买的产品，然后再据此确定业务的发展方向呢？或者能否暂时不考虑竞争对手，忽略数据和短期策略，去寻找新的业务增长点呢？

答案是“可以”。而且这样做效果非常好，结果出人意料。

未来 10 年，营销的成功将不仅取决于点击率和转化率。能与客户建立长期关系并与客户进行有效对话的人将取得营销上的成功。

通过对话与客户建立长期关系

当一位数字营销人员走进酒吧，然后询问他见到的第一个人是否愿意嫁给他时，你肯定会觉得他是个疯子，对吗？但这就是很多企业正在做的事情。这就是一般企业开展的数字营销活动。如果这个营销团队问了足够多的陌生人这个问题——100 人或者 1 000 人，最终可能会有人回答“我愿意”。这时，这些营销人员就会认为自己找到了获得正反馈结果的关键时间节点。然后，他们继续用同样的方式与客户开展对话。他们做出的改变仅限于更换不同的着装、进入不同的酒吧，或者对措辞稍加调整。这时，首席执行官会问：为什么没有更多的人说“我愿意”呢？

因为竞争对手在以一种不同的方式与客户交流——先打招呼，然后开始交谈。他们提出问题，认真倾听，让事情循序渐进地发展。他们开始建立一段关系，一步一个脚印地去发展这段关系，并不断反思：“这样做有效吗？”然后，他们会根据数据给出的答案调整接下来的活动。

本书是关于这一新领域的实战指南，大致围绕三个主题进行探索：如何与客户进行对话、如何维护与客户的关系，以及在团队中实践“开启对话”和“维护关系”的方法。你不应该只读一次就将本书束之高阁，我希望你能时常翻阅它，与同事们分享，学有所得，乐在其中。我甚至希望你能将这本书翻烂（然后再买一本，当然这只是我的做法）。作为一本指导手册，本书提出了很多实用的建议，但绝对不会让你迷失在技术细节的沼泽中。本书的第一部分将从对话和与客户互动的重要性方面入手，包括：怎样开启对话？如何预测对话的走向？哪些事情不能做？本书的第二部分将探讨客情关系，讲述提升业务量的关键：一方面，要与重要客户保持良好的关系；另一方面，不要在那些毫无进展的客情关系上浪费时间和金钱。本书的第三部分将介绍如何将前两个部分的方法和理念应用于实践。在此过程中，你需要不断自我完善，向内审视，比如向自己提出正确的问题，避免陷入自欺欺人的陷阱，否则你前期的所有努力都会付诸东流。

这是一场属于你的冒险旅程。这些理念与方法适用于包括你在内的大多数人，你可以选择从头开始沉浸式阅读。但由于每种理念都有其独特的代表性，你可以选择主要关注那些与你自身的需求、兴趣点以及个人偏好相关的话题，让这些理念为你所用。

本书的所有内容均源于实践，是对成功经验和失败教训的总结，不涉及技术细节，并且不受公司类型或行业类别的限制。所以，无论你想要销售产品还是募捐，本书都会对你有所启发。

你只需记住：如同现实世界表现出的多样性，市场营销工作也没有一定之规，并非一成不变。虽然我无法确切地告诉你，你的 1 万美元能购买多少商品，但我可以和你分享这些来之不易的宝贵经验：**最伟大的数字营销人员如何利用数据赢得客户的订单，并通过恰当的对话与客户建立牢不可破的关系。**对此，我深信不疑。

欢迎来到数字营销“训练营”。

目　录

CONVERTED

第二部分 明确你与客户的关系，找到最重要的那部分人

CONVERTED

第一部分

避免单方面喊口号，开启与客户的对话

你收集的信息越多，
你错过的重要信息就越多，
你的成本投入也越多。

CONVERTED

01

巧妙利用对话，无须太多广告也能赢得订单

一个周六的下午，一位女士走进一家精品鞋店，被一双高跟鞋吸引了目光。一位销售人员随之向她走过来，问："您需要帮助吗？"她并没有理睬这位销售人员，目光在高跟鞋上停留片刻，然后便离开了。或许她对鞋的款式不太满意，或许觉得价格过高，或许担心穿上这双鞋后脚会疼……但无论出于什么原因，她都没有购买的意向。当天晚些时候，这位女士再次光临了这家鞋店，此前的情景再次上演：销售人员上前问候，女士稍作停留，然后快速离开。接着，第三次、第四次、第五次，同样的情景分别在第二天和第三天重复上演。工作人员不断调整他们的迎接方式。这次是微笑，下次是赞美……他们尽心竭力，只希望这位女士能买下这双鞋。距离她初次走进鞋店差不多两周后，他们期盼的事情发生了。那双价值 450 美元的 7 厘米高跟鞋终于卖出去了！

262 次接触，才赢得的一次购买

这次的迎接方式和此前有什么不同吗？最重要的是，为了复制这一胜利的结果，鞋店总结了什么经验吗？并没有。事实上，在整个过程中，这位女士并没有真的走进实体鞋店。她一共访问了这家鞋店的网站 262 次，每一次进入该网站（等待）的数据都被记录了下来。没有人注意，没有人干预，也没有人知道。她的访问经历犹如沧海一粟，被湮没在浩瀚的电子表格数据中，和表格中其他无数访客一样，不论其身份、职业，通通被简化为转化率。鞋店能够追踪她的每一次访问行为。这没什么难度，但他们每次都会以同样的流程欢迎她。她的每一次访问都会被解释为对产品感兴趣，因此，他们投放了更多在线广告来追踪她，广告投入随之递增。当然，他们最终卖出了这双鞋。但即使鞋的利润率已高达 40%，结果还是得不偿失。

鞋店的人不知道最终促成这位女士购买的是在线广告的持续发酵。图 1-1 展示了这位女士通过广告链接买鞋的全过程。

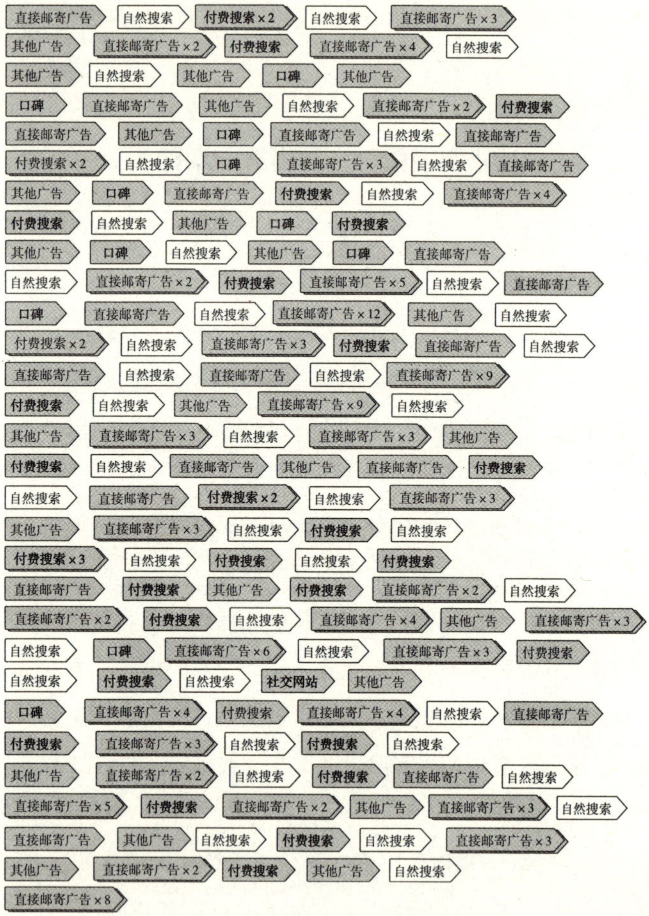

图 1-1 这位女士的购鞋过程

注：每个箭头图标代表在营销活动中她与该公司的实际互动。

长期关系回报比立即下单更有价值

事实上，包括我在内的数字营销人员更善于使用行动口号，而不是展开对话。不难想象这样的场景：在一间酒吧里，我们一边朝陌生人走去，一边窘迫不安地用最强烈的语气发出 30 秒行动号召："你应该马上嫁给我，这是你最后的机会了！请你回应我。如果你不答应，在接下来的两周里，我还会出现。"

通过谷歌销售的第一款产品是龙虾。一位住在美国加利福尼亚州的客户坐在计算机前，点击了一则题为"新鲜的缅因州龙虾"的搜索引擎广告，并购买了一只约 2 千克重的龙虾。第二天，一个装着一只活龙虾的盒子就出现在了他家门口。

这在当时无疑是一次卓有成效的对话。

但现在，一个人拥有多台电子设备，购买时的选择也多种多样。人们可以访问龙虾排名网站，领取龙虾优惠券，查看相关评论。各大新型社交媒体上有几百万甚至上千万个与龙虾相关的帖子，它们希望通过不同的方式带给你烹制龙虾的灵感。一只龙虾甚至可以成为“网络红人”，这也足以证明社交媒体营销的重要性。

从“立即回应”到“更深入、持久的对话”

今天的对话不再像从前那样简单，微妙的差异无处不在，而无数机会也潜藏其中。现今的大多数企业都没有认识到这一点，仍局限在传统观念中，认为衡量单次互动的价值（“嫁给我，马上！”）一定比从长期的、更广泛的关系中获得回报更为重要。

一定要这样吗？当然不是。对话与我们的日常生活息息相关，也是人类的工作方式。阅读、倾听、参与都是对话的方式。当我们的祖先围坐在篝火旁时，对话让他们相互理解、增进信任、获得安慰。[1]我们和某人共进晚餐时，对话让我们了解他/她；而与家人在一起时，对话让我们共度美好时光。我们也会将对话应用到开展业务的过程中，如发表主题演讲，参加视频会议，以及在展会上分发廉价的塑料笔礼品等。

人们认为品牌和网站是一回事。他们谈论品牌和网站时会将它们人格化。比如，“我爱这家公司！”“我讨厌那家公司。”“我喜欢这个网站！”

但这家公司会回应人们的这种偏爱吗？可能不会。

如果这让你想起了你们公司的营销部门，那也很正常。几十年来，营销部门为了在业绩良好的时候证明扩大规模的合理性，在业绩惨淡的时候不被削减营销预算，一直承受着巨大的业绩压力。此外，在此期间，营销部门还要避免被错误地认为只是一个成本中心。

这种做法只在短期内奏效。如果客户总是被同样的短消息狂轰滥炸，无论走到哪里都会被广告无休止地追踪，那么他们很容易对这类营销手段熟视无睹。好在营销人员逐渐认识到对话的价值：对话不但可以为营销人员提供客户的大量信息，还可以将自己的营销活动与竞争对手的区别开来，从而让自己有机会脱颖而出，最终赢得订单。这将不可避免地引发更大规模的变革。

CONVERTED

02

从简单处入手，无须等拿到全部数据再行动

在一家嘈杂的素食小酒馆里，我和几位营销主管围坐在一起。他们一直在试图力挽狂澜，拯救他们已经过气但仍有发掘潜力的品牌。该公司的首席营销官和他的团队提出了相当宏伟的目标。他们邀请我来这里，希望我能够对他们的营销策略提出一些意见。

他们说："我们准备对业务进行数字化转型，这样我们就有机会扭转竞争劣势，这太让人兴奋了。"

通常，这是我担心的地方。继"革新""加速""扩张"之后，"数字化转型"很快成为那些在商业演讲中大放厥词的高层津津乐道的新名词。这类不切实际的宏伟计划往往以更新应用软件图标或者推出路边取货服务而告终。

该团队向我透露的情况比我预想的还要糟糕：他们计划投入 7 000 万美元打造该公司有史以来最全面的数据管理系统，这个系统将整合所有客户数据、所有客户触点，以及一切可以想到的东西。

他们计划在两年半内完成该项目。

我感到震惊。我不明白他们为什么会这样做，毕竟这些人都是久经沙场的营销老将。“嗯！”他们说，“我们在得到所有数据之前，做任何事情都没有太大意义。只要有了数据，我们就可以聘用数百名数据科学家来简化决策链。”

他们发自内心地为这个项目感到骄傲，就好像这是一个合情合理的计划。

我忍不住问：“你们为这个项目制订了一个价值数千万美元的计划，并说服了董事会对这个计划投入巨资，但这个计划在三年内无法带来任何利润回报，你们认为这样做合乎情理吗？”

“嗯，合情合理，因为做好决策的前提是数据准确无误！”

我只能坐在那里默默地想类似于下面这样的问题：

- 零售店难道不为你们提供任何客户数据吗？
- 用于决策的那些数据从何而来？
- 你们公司的品牌价值如何体现？
- 口碑如何建立？
- 即便如此，你们仍然会错过大量对话吧？
- 你们目前掌握的客户数据有什么价值？
- 你们甘愿放弃挖掘现有数据的价值吗？

该公司的远大抱负始终未能实现。仅项目的前期构建就花了太长时间，董事会逐渐厌倦了漫长的等待。接下来就是首席营销官引咎辞职，该公司的品牌遭遇了几个私募股权公司的洗牌。事情虽然已经过去，但影响还在。从此以后，没有人愿意碰类似的项目了。

学会识别客户行为中真正重要的信号

人们在发觉自己失去了对所处环境的控制时，往往会选择通过难度很大的高参与度产品来解决问题。[1] 这就是“1 月健身热潮效应”。办健身卡时，你感觉自己可以坚持健身，而且这就是你想要的结果，但事实是这样吗？不尽然。80%的新客户熬不过 4 月就放弃了。[2]

有一个零售商对拥有自己的软件系统感觉十分自豪。原因在于，做系统是大多数公司试图做数据整合的第一步，但往往也是他们最终放弃前的最后一步。如果你问高管们，他们的客户关系管理（CRM）系统是否有助于业绩增长，90%的人会说“不会”。[3]

与客户对话的目的不是捕捉每一次互动，这样做毫无意义，但大多数公司处理数据的初衷就是捕捉与客户的每一次互动。

了解客户并不是要捕捉其行为的每一个细微变化，比如他们浏览的每一件商品、停留了多少毫秒、有多少次把商品加入购物车后又放回货架，而是要考虑什么是真正重要的信息。事实上，**你收集的信息越多，你错过的重要信息就越多，你的成本投入也越多。**学会识别重要信号的同时还要学会放弃。如今，一个潜心研究哪些是推动业务发展的根本因素的营销人员，要比一个鼓吹将生活中的一切连接到互联网上的营销人员重要 10 倍。因为我的人字拖根本不需要连接到互联网上。但我敢肯定，一定有人正在某个地方推销这个机会。

坚持三个原则，识别尽可能多的客户

我们要坚持三个原则，不需要面面俱到，只需要专注于目标。

原则一：快速展开行动

“简捷”是重中之重。方法越复杂，我们就越难取得进步，越难获得准确的数据，也越难推动项目发展。要尽可能轻装上阵，小团队更容易高效协作。我认识的一些成功的营销人员只花了短短几小时就在云端创建了一个数据库，然后以此为基础开展工作。也许这样做有点仓促，数据库扩展起来可能有点困难，但足够启动项目了。要从一个小车间而不要从整个工厂起步。如果用电子表格就可以实现某些功能，就没有必要建立一个庞大的客户关系管理系统。如果的确有必要，可以增加数据。

每周我都会遇到一家这样的公司，该公司的营销人员花了一年时间纠结于如何存储数据。最优秀的营销人员不会这样做，他们只专注于如何充分利用现有的数据，如何通过精简数据找到他们可以盈利的切入点，并从那里开始创建数据表。

原则二：以人为出发点

钱是了解真相的最直接途径。如果我们从一个客户那里赚了钱，我们就需要知道这些钱是从哪里来的，以及这个客户是谁。这就是我们要创建的数据表，也是首席财务官们看重的数据表。他们不关心你的产品在销售方面所处的领先地位或应用程序的下载量，只关心有多少钱进账。所以，认为只能以渠道、活动或产品为基础组织数据的看法都是错误的。创建数据表要以人为出发点。

原则三：知道每位客户的姓名

我们需要知道尽可能多的客户的姓名，因为姓名可以帮助我们将客户的所有信息关联在一起。当进行跨系统分析时，我们可以通过真实的姓名、电子邮箱地址、忠诚度等级，判断不同系统里的客户是否为同一个人。这一原则的重要性值得反复强调。一家娱乐公司通过27个不同的身份信息（ID）来标注每位客户——每个系统一个ID，这些系统之间没有任何关联。该公司无法与客户开展正常的对话，它在不断丧失自己的优势地位。

你需要具备识别客户的能力。通过各种激励措施鼓励他们注册账户，如提供独家内容、促销优惠、优惠码等，也就是在合理范围内适当让利。

你应该与单点登录技术供应商合作，让客户使用社交媒体账号登录，以减轻管理用户账号的负担。还有一些公司使用更有创意的工具，如电子邮件跟踪器，以便在多个设备上识别客户。

重点在于，无论你使用哪种方法，目的都是要识别尽可能多的客户。千万不要接受“只有少数人会在购买前将自己的姓名告诉你”这一预设。要设法达到你的目的，找到最佳平衡点，找到以最低的成本获得最多姓名的方法。这一点非常重要。

让客户姓名数据充分发挥作用

不要将你获得的客户姓名数据放在那里，坐等商机。你可以将这些信息用在你的个性化营销活动中，这将在短时期内为你带来收益。一项关于电子邮件营销活动的研究发现，在邮件标题中加入收件人的姓名后，邮件打开率提高了 20%，转化率提高了 31%，同时邮件退订率降低了 17%。但请记住，你必须对你的客户有足够的了解，才能达到预期的效果。[4]

与客户更好地进行对话不需要分析上万条数据，并非所有数据都重要。要从简单的事情入手，以你确定准确的数据为基础。不要尝试清洗你收集的所有数据。要尽可能通过人名将信息统一起来。然后，将主要精力放在你与客户的对话中真正重要的内容上，我会在接下来的章节中与你分享具体的操作方法。

有一些公司会向你推销它们的全自动聊天系统，然后让该系统代表你与客户对话。尽管其中一些系统已经相对比较成熟，但仍要谨慎使用。使用全自动聊天系统类似于让你的朋友与你在学校的暗恋对象聊天。当你的朋友给你的反馈是“他/她喜欢你！”时，这样的结果当然让人开心，但你真正了解他们的聊天内容吗？你的暗恋对象所谓的“喜欢你”是把你当作普通朋友，还是有其他含义呢？他/她会不会只是出于礼貌才这样说的呢？这种做法非但得不到你想要的答案，还可能导致更多的问题，因此你最终仍然需要亲自和你的暗恋对象聊一聊。

慎重做选择，不要将事情过度复杂化……还要学会倾听。

CONVERTED

03

企业通过对话培养忠诚客户群体

旅行是我工作的一部分。即使谷歌园区有超高速带宽，可以实现超快的数据传输，也无法取代亲临现场的效果，因为亲临现场可以发现数据之外的东西。例如，观察商场工作人员和呼叫中心的客服如何捕捉客户的兴趣点；或者观察当一家公司的线上业务和线下业务运营方式截然不同，导致线上活动和线下活动毫无关联时会出现的情况，以及发现其他数字仍然无法代表的特质。约翰·勒卡雷（John le Carré）① 说得很对："在办公桌前看世界是危险的。"[1]

如果你曾经到数十个国家出差，你就会非常熟悉旅行的

① 英国间谍小说家，1963 年凭借小说《柏林谍影》（*The Spy Who Came in from the Cold*）一举成名。——编者注

各种惯例。最吸引人的是旅游服务业本身——在这个领域，营销人员正试图获取数据，了解和预测客户的需求，同时还要尊重客户的意愿，即让他们尽可能顺利地预订房间。艾派迪（Expedia）这类第三方代理商的激增意味着对大多数酒店而言，与顾客的对话在顾客到达之前就已经开始了。经过长途飞行后，你当然不希望在办理入住手续时收到一份调查问卷。但酒店还能有什么更好的选择呢？

用数据驱动的
方法赢得客户
CONVERTED

利用“偏好簿”让客户选择你

在丽思卡尔顿酒店，员工的制服口袋里都装着一本被称为“偏好簿”的小笔记本。这是一种收集顾客数据的方法，显然技术含量很低，但名字好听，也很好用。如果员工偶然听到某位顾客提及自己的喜好，如喜欢的音乐或饮料类型，就会记录在偏好簿上，随后将这一偏好输入顾客的个人系统。这一系列操作都是为了预测未来与顾客的对话。

但这仅仅是开始。丽思卡尔顿酒店和其他顶级酒店的真正优势在于，它们具有超凡的能力，能够引导与顾客的对话，以便获得所需的信息并从中获益。

有一家顶级酒店有自己的忠诚度计划，并坚持为顾客提供相关福利，尽管顾客表明自己已经在竞品酒店中获得了忠诚度等级，该酒店依然会这样做。为什么呢？因为经验表明，酒店还未赢得的这位顾客是潜在的高价值客户。提供此类额外的福利远比你预想的花费要少。例如，酒店通常都有空余的房间，可用于为顾客提供升级服务。而相比于由此获得的客户高价值信息，比如这位顾客是豪华商务旅行群体中的一员，并且可能被成功说服，从而转变为自己的忠诚客户，这个成本几乎不值一提。

另外一家连锁酒店在一次服务细节改善测试中，对员工说的每一句话、提出的每一个问题都进行了微调，并针对多个批次的顾客测试了不同的服务用语组合，还比较了哪个组合能够获得最佳反馈意见，从而提升酒店整体的服务水平。大多数酒店工作人员在顾客结账时都会问："您住得怎么样？"得到的回答都是"很好"。而这家酒店的工作人员会问："有什么地方我们可以做得更好吗？"实际上，这样提问更有可能得到一个有用的答案、一个改进服务的机会。他们听到的意见会与顾客的资料一起存档，以确保此类事情不会再发生。

一些最成功的营销实践都以好奇心和探究性的对话为基础，营销人员并不局限于分析所掌握的数据，而是把数据看作一个展示更多故事情节的窗口。他们不断探索如何与客户展开积极的对话，他们用快捷、灵活的问题回应客户，这些问题可以使他们更加了解客户想要什么，从而推进对话并进一步加深对客户的了解。获得了这些信息就相当于拥有了力量，相比于缺乏同样信息的竞争对手，掌握这些信息无疑是一种巨大的优势。

引导用户参与对话的三种方法

当我谈到调研客户时，几乎每个人都会立即说："啊，我们打算通过电子邮箱再给客户发一次调查问卷！"好吧，怎样做是他们的权利。但是，客户回复邮件的概率有多大？答案是少于 3%。[2]

更重要的是，不要寄希望于大型年度客户调研问卷。这些问卷每年向所有客户提出一模一样的 20 个问题，企业希望由此获得同比指标。这种答案对企业明年的业绩有帮助吗？年度调研的主要作用是评估，而我们探讨的是发现商业机会和对企业未来发展的预期。

尝试一些新的解决方案吧，让大家都参与提问。探索的乐趣在于分享。你要鼓励团队成员养成提问的习惯，从而相互启迪，在满足求知欲的同时，验证假设，发现新机会。与获取数据一样，提问的关键是简单、精练。

通过以下三种简单的方法，你可以向客户提出更多的问题，并引导他们参与更深入的对话。

首先，从网站互动中收集更多的数据。当客户购物时，多问一个可以帮助你了解他下一步动向的问题。例如，航空公司询问客户乘飞机是出差还是旅行，就能巧妙地了解客户对于升舱的价格敏感度。

你已经在问客户问题了吗？把这些问题收集到一张表格里，并打乱顺序，每周轮换着提问，你将获得新的发现。但如果这张表格在几个月或几年内一成不变，你很可能就会什么有用的反馈都得不到。另外，不必纠结于是否向每一位客户都提出同样的问题。你会发现，你在大约 5% 的客户那里得到的反馈信息，同样能够代表其他客户的心声。

其次，利用网站之外的资源吸引客户。有很多简单、快捷且成本低廉的新工具可以帮助你研究现有客户、潜在客户，甚至竞争对手的客户。谷歌提供了一个名为 Google Surveys 的产品，让你有机会接触数百万受众，这些受众在广大的消费人群中颇具代表性，并且愿意回答关于公司和产品的问题，而相应的成本低到可以忽略不计。你也可以对这些受众进行细分，比如按区域或者按年龄段细分，甚至按访问过你的网站或者按曾对竞争对手的产品表露兴趣进行细分。

最后，有一类新兴的在线聊天产品，可以帮助你在客户旅程中的特定时间与他们实时互动，向他们提出问题，或者告诉他们你将如何为他们提供帮助。这些产品一旦设置完成就会非常有效，但它们往往比其他产品要耗费更多的时间和金钱。

我在这里并不是要指出你一直以来使用的方法有问题，

而是鼓励你增添工具。这样，你就会有更多的机会向客户提出与之更相关的问题，而你的工作也会因此变得更轻松。

请记住，在询问任何事情前都需要考虑周全。例如，第一次约会时不适合提的问题有“你赚的钱多吗”。有很多更委婉的提问方式可以从侧面得到你想要的答案，比如：“你是做什么工作的”“你住在哪里”“你用的是苹果手机还是安卓手机”。[3]

保持好奇心，积极实践，你就可以为企业找到恰当的提问方式。你想获得一点灵感吗？下面的四个问题可以帮你开启与客户的对话。

问题一：你买这件产品是当作礼物吗？

这个问题经常出现在各大网站的购物结算页面上，它往往代表网络营销的最后一搏，网站希望能借机追加销售一些深紫色、仿麂皮的礼品袋和定制祝福卡片。而对大多数公司来说，这正是营销活动的结束点。

但是，提出这个问题的意义远远不止追加销售本身。所有在购买珠宝时会在蒂芙尼和沃尔玛之间进行选择的人都知道，送礼物可以反映你是一个什么样的人。研究表明，当人们为他人购买礼物时，他们与品牌之间的关系会得到强化。由于花了更多时间比较不同品牌，所以他们在下单时已经认可了选择的品牌。

研究人员在一次测试中发现，购买某品牌产品作为礼物的顾客，在接下来的一年中再次购买该品牌产品的可能性增加了63%，[4]购买频率提高了25%，单次购物的金额增加了41%。因此，顾客对这个问题的回答可以被视作一个信号，它所蕴含的潜在价值可能远比单次购买所体现的价值要高。

问题二：你在外面吃饭通常会花多少钱？

你还可以问：你看电影/咨询税务顾问/住精品酒店通常会花多少钱？询问消费情况（行业术语为“钱包份额”）时所得到的回复信息量非常大，令人难以置信。这些回复可以告诉你是否有提升业绩的机会。

一项针对金融客户投资行为的研究发现，随着投资金额的增加，投资人会选择更多的公司，将投资多元化。[5]他们不会把 20 万美元全部放在同一家银行，而是分别将 10 万美元放在两家银行。如果你有两个客户都这样做，那么你需要知道他们在你的品牌上投入的钱是占他们消费份额的 99%，还是只占 10%，而消费份额只占 10% 的那位客户对你的品牌来说有更大的成长空间，你可以通过对话让客户更青睐你。

问题三：你为什么多次访问我们的网站？

如果有人频频访问你的网站——5 次、10 次或 100 次，那么请试着通过提问找到原因。比如，你可以问如下问题：

- 您打算什么时候买房子？
- 您理想的旅行日期是什么时候？
- 您在寻找什么特别的东西吗？

有些客户，比如前文中那位买鞋的女士，可能会举棋不定，但至少你可以把这些人与明确知道自己想要什么的客户区分开，从而进行有针对性的营销活动。

“你计划在未来 3 ～ 6 个月内购买吗？”这类问题可以帮助你判断客户在购买过程中所处的阶段，以及他们何时需要你的帮助。对于那些需要一些时间来权衡的重大决定，比如购买房屋、企业软件和汽车等，这个问题尤为重要。

问题四：你最喜欢我们的哪些产品？

你所问的问题不仅可以影响客户的回答，而且可以影响客户的行为。问中性的问题，如“您的体验如何？”；问消极的问题，如“有什么我们可以改进的地方吗？”，你会得到更多信息；问积极的问题，如“关于……您最喜欢它的哪一点？”，你可以卖出更多产品。

一项针对零售业客户的调查发现，当问客户的第一个问题是积极的问题时，他们消费的可能性在接下来的 12 个月内上升了 8%。[6]

研究人员还调查了一些 B2B 网站的免费试用客户，并发现，如果在试用期过半时对客户提出引导性问题，比如“到目前为止，你喜欢产品的哪些方面？”，该产品的销售量就会增加 32%。一项针对金融服务的调查发现，向客户提出积极的问题，可以提高客户的购买率和参与度，增进企业与客户之间的互惠互利关系，这种关系在一年后仍有可能产生利润回报。[7]

提问的艺术与边界感，赢得客户好感的根本

除了问题本身，我们还需要知道哪些事情？

该放弃老套的话术了

提问的措辞和排列问题的顺序都将影响答案；不同的措辞可能会使答案产生巨大的差异。由非营利性组织 code.org 主导的一项案例研究发现，改变一个简单的行动口号，如从“了解更多”变为“加入我们”，可以将回应率提高 29%。[8]

《哈佛商业评论》报道了一项研究。研究人员向两组家长提出了同样的问题：孩子们应该学习的、对未来人生最有帮助的事情是什么？研究人员为其中一组家长提供了一组备选选项，其中大约 60% 的家长选择了“独立思考”；在没有提供备选选项的那组家长中，只有大约 5% 的家长给出了

类似于“独立思考”的答案。[9] 为什么呢？没有了缩小范围的备选选项，他们不得不独立思考。父母真的认为培养孩子的独立思考能力非常重要吗？还是“独立思考”仅仅是给定选项中最合适的选项？

你必须反复测试，尝试问不同的问题，用不同的方式问同样的问题，以及在不同的时间提问。同时，和在所有其他对话中一样，你还需要根据客户的反馈调整问题。

要有边界感，不要问客户太多问题

与我合作过的一家房地产公司每次与有购买意向的客户对话时，都会问 73 个问题：你打算什么时候买房？买什么类型的房子？这是你的首套房还是二套房？你买房是用于居住还是用于投资？你打算持有这套房产多久？你会重新装修吗……

但现实情况是，为了评估潜在的购房客户，房地产公司的工作人员真正需要做的是：**了解客户的信用等级和客户可接受的价格范围。而这些工作人员试图判断谁会在 3 ～ 6 个月内真正买房。**

工作人员问的那些问题不但没有让他们得到想要的答案，还惹恼了很多客户。很多申请者在回答到第 20 个问题时就放弃了。如果问题过多或难以回答，他们只会选择离开。问太多问题无疑会导致两个后果：大量的数据消耗了你的时间和精力，以及将潜在客户拒之门外。要学会以小见大。

先有好问题，才有好答案

如果答案没有用武之处，那么再好的问题也是糟糕的，比如下面这些问题：

“嗨，你喜欢玩滑雪板吗？”
“喜欢！有雪吗？”
“没有。”
“那你为什么要问我这个问题呢？”
“只是好奇。”

在提问之前，先问自己将如何根据答案调整行动。如果答案不能改变你接下来要做的事情，就不要问别人打算花多少钱。收集信息要有的放矢。

请在客户数据“过期”前“食用”

人的本性通常不会改变，但境遇有可能在不断变化。收集的数据要及时应用，要认识到你获得的任何信息都有时效性。一段时间后，你必须再次询问同样的客户同样的问题，因为他们的答案可能会改变。变化有多快并没有既定的标准，所以定期向客户提问是一个不错的办法。当他们的回答表明他们的行为即将改变时，你可能需要进行更全面的研究，以了解原因。

CONVERTED

04

让客户看到你在努力满足他们的需求

根据数据做决策的企业坚持认为：人是完全理性的，会根据产品的价格、价值和功能来做购买决策。人们希望网站的响应速度最快、商品的运输时间最短。数据可以证明这一点。

但我们在透过数据剖析人类真实行为的过程中发现，人类的行为往往是非理性的。

一个成长中的 B2B 分销商曾经因为自身带给用户的线上体验欠佳而苦恼。该公司收购了多家合作伙伴和竞争对手的公司，而被收购的公司使用的库存管理工具各不相同。因此，搜索产品库存、价格或运输时间等任何信息都意味着要从靠代码连接在一起的几十个系统中提取数据。客户等待搜索结果的时间长达30秒。长期以来，人们一直认为速度就是一切，数据分析结果也支持这一观点。一项研究发现，100毫秒的延迟可能会导致转化率降低7%。[1]

由于担心客户很可能因无法忍受延迟而离开，该公司斥资数百万美元改善基础设施、聘请顾问，最终的解决方案是将这些系统连接到一个单独的、最先进的云平台，这样一来，只需用先前几分之一的时间就能搜索到同样的结果。这似乎是明智之举。

但结果是什么呢？该公司的销售额非但没有增长，投诉量反倒增加了。客户感觉搜索出的产品数量变少了，满意度评分也下降了。调查显示，超过70%的访问者更喜欢原来的平台。这是为什么呢？

让客户看到你的努力

人非圣贤，难免会有自己的小心思。人们希望看到其他人为了实现或满足自己提出的需求而努力工作的信号。研究人员在餐厅里发现了这些信号。他们了解到，当堂食的顾客可以看到厨师的做菜过程时，顾客对饭菜的满意度上升了 17%。[2]

事实证明，这种期待也延伸到了线上互动中。一项后续研究发现，尽管许多网站试图提供客观上更快的响应速度，但如果用户无法“看到”网站为响应用户需求而付出的努力，可能就会认为服务的价值相对较低。[3] 对于搜索结果，用户的这种感觉更加强烈。屏幕上滚动的进度条提升了搜索结果的感知价值，即使用户需要等待更长的时间，他们也认为这样的结果更可信，因此用户的满意度更高。只要这种延迟能让人感知到有人正在为此而努力工作，人们宁愿等待长达 60 秒，也不愿意立即获得结果。

果然，当这个 B2B 分销商在自己的网站中增加了一条加载提示语和几秒钟的延迟，使一切看起来可信时，客户的反馈就变好了。

客户非理性，营销也可不按常理出牌

我们身边经常会有一位这样的朋友，他符合理想约会对象的所有条件，却无会可约。他工作体面、帅气多金，可谓占尽了天时。但造化弄人，集众多优势于一身的他却只能孤单地过周末。

与约会一样，营销也不是一件可以用常理来看待的事情。

营销人员通常假设客户是逻辑性强、能够理性思考的消费群体，做每一次选择时都会权衡利弊，因而必定会青睐产品类别最全、加载速度最快的网站。这种假设在某种程度上是正确的。调查数据表明，人们会放弃加载速度极其缓慢的网站。但是，人的行为方式存在细微差异，有时他们并不按常理出牌，这也是人类的特点之一。认识到这一事实的营销人员将会迎来一个绝佳的机会，那就是通过调整向客户展示自己的方式，或者为客户提供定制产品来更好地开展工作。

让人性为你所用，将行为学融入营销计划

越来越多的营销人员正在将行为学融入他们的营销计划。这不是说你需要掌握行为学这门课程才能开展工作。接下来的内容足以指导你完成这些工作：**根据你的实际情况，**

确定在什么阶段需要考虑其他因素或调整方法。准备好一探究竟了吗？下面你将开始学习一些行为科学的技巧。

坚持一下，马上就到“终点”了

无论是建立一个新账户还是提升忠诚度等级，都没有人喜欢从零开始。正如在一场登顶的角逐中，没人愿意站在山脚下仰望山顶一样。因此，要反其道而行之，让用户感觉到他们已经取得了进展，而且接下来也会十分顺利。例如，一个操作过程原本只有 8 个步骤，如果你把它展现为用户已经完成了前两步的 10 个步骤的过程，那么用户的完成率会更高。如果你希望用户在未来完成更多的步骤，就告诉他们，目前距离终点只差一小步了。(“您的账户设置已经完成 90%！”)

谷歌最初的广告标题利用直接提示的方法，鼓励用户将他们的商业信息输入新产品 Google My Business（见图 4–1）。

在图 4–2 中，标题和按钮共同强调了用户要执行的操作流程已经开始了。在一项包含两组用户的测试中，谷歌的营销人员向一组用户展示了下面的提示语，让用户感觉距离完成只差一小步，但实际上，两组用户的起点是相同的。

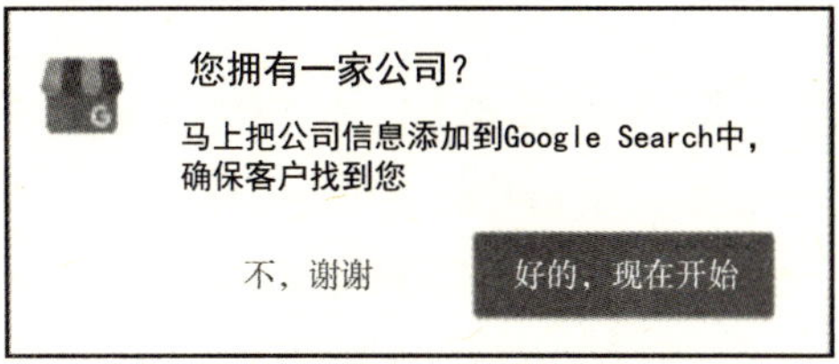

图 4-1　谷歌最初的广告标题

图 4-2　采用不同提示语的测试案例

结果，测试版的客户获取率提高了 20%，相当于节省了近 200 万美元的广告费。

稀缺性：人无我有

当某样东西供不应求时，我们会觉得它更有价值。这就是物以稀为贵。[4] 人们在面对同等程度的损失和收益时，损失带来的痛苦程度比收益带来的愉悦程度强烈 2 倍。这就是损失厌恶心理。[5]

稀缺性表现在一切事物上，从“限时促销”到“适合你的型号只剩几件了”，这些都是在强调稀缺性。“房源告急：只剩下一个房间了。”“注意：15 个人同时在看！”有人指出，一些旅游网站会采用显示随机数字这种做法，但根据我的经验，这些网站显示的很多数字是准确的。只是它们不会告诉你，通常这 15 个人看的并不是同一天的同一间房。

营销宣传的本质是利用消费者的损失厌恶心理，诸如商品打折、库存告急预警以及促销优惠等，所有这些强有力的信息都在敦促人们马上下单，否则就会错失良机。谷歌在另外一个项目测试中，仅增加了一个简单的标题——“不要错过专业人士的帮助”，就使得该项目的点击率提高了 53%（见图 4–3）。

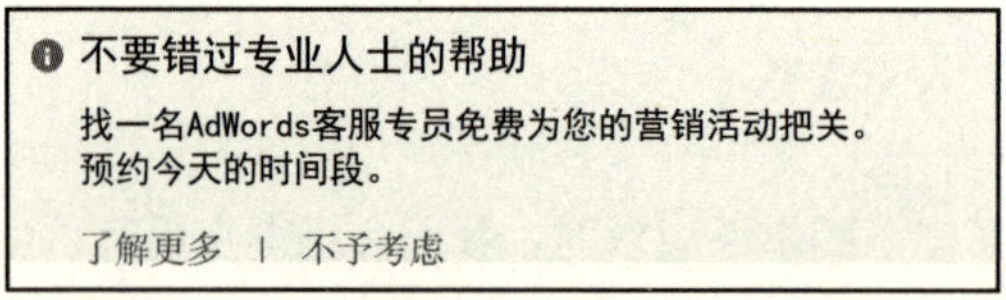

图 4–3　利用了消费者的损失厌恶心理的标题

从众心理：人有我也要有

同伴压力就是一种从众心理。我们不仅在中学时代能感受到，**当不确定自己的做法是否正确时，我们也会感受到这种压力，会不自觉地参考他人的行为。**[6] 这就是为什么 82% 的美国人表示他们在购买某样东西之前会征求朋友和家人的建议。[7]

在市场营销中，利用从众心理的手段包括使用名人代言或提示有多少顾客采取了某种特定的行动，例如有多少人已经预约，或者有多少人已经购买了最新款太阳镜。从众心理甚至会影响产品排名。因此，当你看到那个火箭动力悬挂式滑翔机时，请记住，与那些没有任何评论的产品相比，至少有 5 条评论的产品的转化率跃升了 270%。（无论如何悬挂式滑翔机都值得买，因为它真的很棒。）

谷歌在一项测试中向用户展示了一个预约表，其中白色时段表明已被其他人预约，灰色时段代表可以预约（见图 4–4）。相比于没有已预约标注的版本，用户的点击率提高了 87%。

获取谷歌AdWords专家的免费建议。

好的开始让您事半功倍。与AdWords专家交谈以完成账号设置。

在下表中选择一个时间段，设置日历提醒器，呼叫AdWords专家。灰色时段可选。

12月3日 星期三	12月4日 星期四	12月5日 星期五
上午9点	上午10点30分	上午9点30分
上午11点30分	中午12点	上午11点
下午2点30分	下午3点30分	下午3点30分
下午4点30分	下午4点	下午4点30分

图 4-4　有助于提高点击率的预约表样式

启动效应：给我一个下单的“理由”

你可以通过让某人接触刺激性事物，例如看一个单词、一幅图像或一组统计数字，改变他在接下来的互动中的反应。这就是启动效应。大多数营销人员都使用了启动效应“明示”的一面，比如用颜色来传达情绪或者用某种图像代表某些特质。例如，云朵会让人想到轻柔。

启动效应也可以用来“暗示”。在一项针对美国亚裔女性的研究中，研究人员向女性被试提问，结果发现，当将与她们的身份认同有关的问题作为第一个问题时，她们在随后的数学考试中取得了更高的分数。[8] 当将与她们的性别有关的问题作为第一个问题时，她们在随后的数学考试中取得的分数更低。启动效应的力量非常强大，但它的负面影响也不容小觑。请记住，我们需要引导客户而不需要操纵客户。你需要不断练习，才能让它发挥正面的效果。

原广告弹窗上的标题——“为游戏玩家而建”，不会对看到广告的人产生任何启动效应（见图 4–5）。修改后的标题如图 4–6 所示。

图 4–5　不会产生任何启动效应的标题

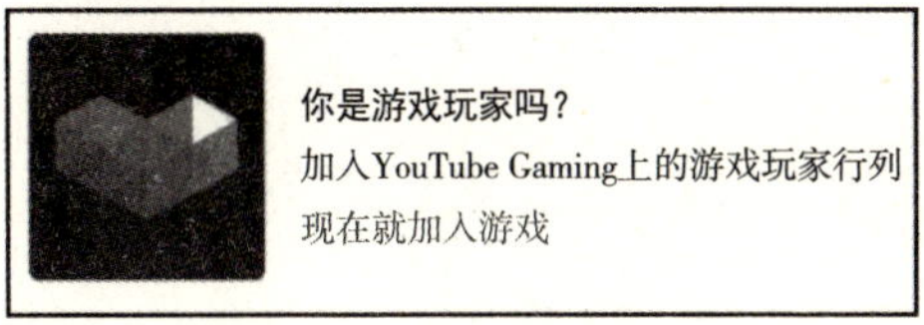

图 4–6　修改后的标题

修改后的标题通过引导用户（你是游戏玩家吗？），邀请他们加入游戏玩家群体（现在就加入游戏）。YouTube 团队看到，修改标题后，点击该广告的用户数量增加了 2.3 倍。

CONVERTED

05

捕捉意向信号，
找到“中意你”的客户

在现实生活中，完全领会一段对话的含义可能比只听懂字面意思要难得多。这是因为有时人们不一定会把自己的真实想法表达出来。当你的伙伴皱着眉头时，你问他“怎么了”，他回答说“没事”，但他真的没事吗？当你问自己的父亲或母亲想要什么生日礼物时，他 / 她会耸耸肩说：“我什么都不需要。”那么，他 / 她的真实想法是让你送一份特别的礼物吗？

有些公司不太善于解读客户的暗示语。我曾与一家汽车制造商合作，该制造商就曾因此感到苦恼。他们为一项“神秘”的营销活动投资了数百万美元，在这项活动中，制造商、区域代理商和个体经销商都在促销同一品牌的汽车，但彼此之间的协作一塌糊涂：独立的预算、不同的策略、在各自的网站上开展活动。汽车制造商知道汽车销量在增加——毕竟制造商还在生产汽车，但促成汽车成交的客户对话却让人捉摸不透。

汽车制造商的困惑源于自身对建立客户营销漏斗模型的执着追求。这种营销模式相当于说：“我希望约会是这样进行的——我去接她，带她去餐厅，然后赞美她的着装，之后我会支付晚餐的费用，我会给她留下好的印象，我们会再次约会，也许下一次我们会接吻。”但实际情况是这样的吗？不尽然。**人与人之间的互动并不总是线性的。**

但这并不妨碍各个团队坐下来，提出与此截然相反的观点。制药公司可能会将从“访客发现自身的症状”到“访客看医生”的步骤绘制成一条直线，并认定这是一条理想的诊疗路径；零售商可能会认为，在访客从斟酌到购买的各个步骤中，应当重点关注“让访客把产品加入购物车”这一步。一旦这些步骤被某个团队确定下来，营销活动就会围绕这些步骤进行优化，而这种优化只会让该团队更加确信：他们对客户行为的预设十分合理。因此，与其说这是营销漏斗模型，倒不如说这是对预设合理性的自证过程。

对这家汽车制造商而言，客户使用了车辆定制工具就意味着他会下单。客户选择的车型价格越高，营销团队对将客户吸引过来的广告渠道的认可度就越高。制造商做了他们力所能及的工作：创建了客户漏斗，并尽其所能将客户从漏斗的顶端引导至底部，在网页的最后还顺便推荐了经销商。剩下的就看经销商的表现了。

销售量确实发生了变化，但远低于预期。失败的借口层出不穷：经销商“掉了链子”；客户买了车，只是没有人告诉我们；线上销售只占总销售额的一小部分，并且各渠道间的竞争太过激烈了。营销优化的过程变成了对预设合理性的自证，不再依靠数据。但这些数据一直都在那里“喃喃低语”，表达异议。这家汽车制造商的团队首先要做的是意识到他们需要挑战自己的预判。

用数据驱动的
方法赢得客户
CONVERTED

贷款的年利率才是真正可靠的意向信号

他们用测试取代了预判，然后发现：使用定制工具的汽车定制者和购买行为之间没有任何关联，定制和购买完全是随机的。此前被他们视作高端定制者的人，真的能够带来丰厚的利润吗？测试和问卷调查数据表明，这些定制者只是一些渴望打造梦想之车的青少年和希望表达自身愿望的车迷，并非真正的意向买家。营销团队花费数百万美元广告费吸引过来的人却传递出这样的信号：“反正我连入门级车型也买不起，所以我为车子配上 2 万美元的轮辋也没什么要紧。哦——还有用真皮装饰的门框！”这些人根本不会买车。

营销人员锚定了错误的信号，并说服自己相信客户希望和他们对话，但这种对话不过是他们坐在办公桌前臆想出来的。

什么是正确的信号？他们经过一番苦苦探寻之后才发现，搜索贷款信息是一个更可靠的意向信号。几乎没有人会注意到网站上那个毫不起眼的角落，除非有明确的购买意向，否则没有人会搜索贷款的年利率（APR）或租赁条款。这才是汽车制造商的最佳客户想要的对话。一旦营销团队锁定了这一信号，销售数据的变化原因就有迹可循了。

听懂“弦外之音”，在用户离开前将自己推销出去

在与客户的对话中，只掌握提问技巧还远远不够。有的

客户可能不知道答案，或者不愿意给出一个真实的答案。如果你问客户他们是通过什么渠道了解你的公司的，一定会有人提到你根本没有使用过的广告渠道。我们在一次诊断性调查问卷中问道："这个红球是什么颜色的？"居然有 1/5 的人说是橙色。哎！不过即便如此，你依然可以将一些毫不起眼的信息巧妙地组合在一起，并利用这些信息的组合将与客户的对话向前推进。

以产品退货为例，全球零售商每年因退货造成的损失超过 6 400 亿美元。[1] 换作你，你会怎样做？你可以在购买前就询问顾客是否打算退货，但极少有人认为自己会退货。然而，在表象之下可能潜藏着一些隐约可循的信号，比如从习惯性退货客户的订单记录中可以看出，他们往往会订购同一产品的几种不同型号。一项研究发现，当购物者与产品有互动时，如放大图片查看面料的质地，或者旋转图片从多个角度查看产品外观时，他们退货的可能性就会很小。[2] 据此推测，使用过这些功能的购物者对他们购买的产品有了更好的了解。

谷歌在 B2B 环境中也面临着同样的挑战。Google Workspace 是谷歌云计算服务 Google Cloud 的主打产品之一，这是一个包括 Gmail 等软件企业版的协作工具套件。营销人员通过付费广告吸引大部分新用户，但由于产品有 30 天的免费试用期，他们可能要等上 4 周时间才能知道与客户的对话是否有效。

营销人员可以询问用户有多大的可能性购买产品。（但用户迄今为止还没有试用过该产品。）

他们可以询问用户公司的规模。（此前的对话并没有透露多少相关信息。）

但如果他们只是不停地追问，对话就有可能变成“审讯”。而谁又愿意被审讯呢？结果就是，用户无法忍受填写烦琐的注册表，于是很快就离开了。图 5-1 展示了 Google Workspace 注册表。

营销团队采取了不同的手段，他们分析了到目前为止的对话情况：某个人访问 Google Workspace 产品网站的次数；访问者阅读了该网站上的哪些页面，阅读的时长是多少；他们是否在其所在时区的正常办公时间段来访；他们是否阅读了操作说明，或者是否在其试用账户的团队列表中加入了其他成员。然后，营销团队提出问题：这些客户与我们的优质老客户有多少共同之处？这些信号对我们有什么启示？他们查看了与该客户的所有对话，并将这些对话与另一位已签约客户的对话进行了比较。根据这一系列经历，营销团队能否预测这位新客户会留存还是流失？**学会阅读这些更为复杂的信号，营销团队能将优化活动所需的时间周期从 45 天缩短至短短 2 天。**

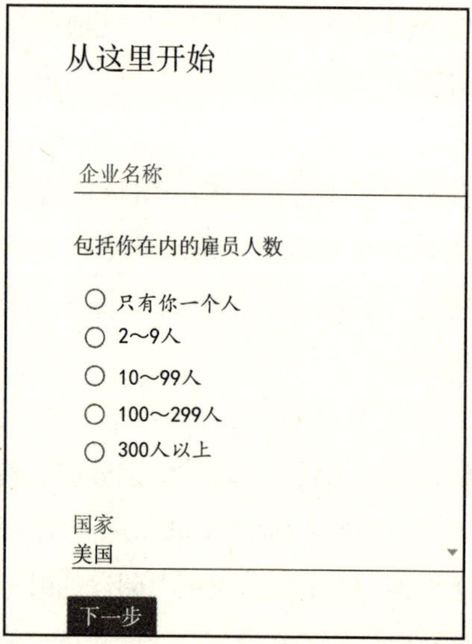

图 5-1　Google Workspace 注册表

此外，还有更多种情况等待我们处理。例如，客户给出的一些复杂、看似疯狂的信号包括：

- **在购买礼物时附加道歉信息的人最不关心价格，他们一心只想弥补自己的过错，**并且更有可能对追加销售做出回应，例如同意加急配送等。成本是他们最后考虑的事情。
- **对于一些信用卡产品，那些在促销期结束 7 ～ 10 天后才开卡的客户，持卡的时间更有可能超过一年。**对此最好的解释是，这些客户被促销方案吸引来开卡，比如免费赠送的飞行里程，但这并不是他们开卡的唯一动机。反倒是那些立即注册的客户可能对某个令人难以抗拒的优惠条件怦然心动，或者对初始的信用卡额度感到惊喜，但他们更有可能在几个月后销卡。
- **消费者将商品加入购物车可以视为决定性的一步。**因为这距离下单只有一步之遥——只差一次点击。现在我们可以取消广告跟踪了！这一次应该能够成交。另外，可以将消费者对商品的再度甄选行为，如修改购物车中的物品规格，视为一个更强烈的信号，这表示他离下单更近了一步。

这样做的意义是什么？这种细致入微的观察可以帮助我们在客户做出最终决定——下单或者离开前，提早了解当前的进展情况。同样重要的是，我们要由此认识到：客户发出的有效信号不一定是你正在寻找和预设的那些信号。但信号无处不在，你只需要寻找有利于业务发展的关键信号即可。接下来，我将介绍如何做到这一点。

从四个角度读懂客户的心

30 天试用，30 天考察

不要从软件需求分析入手，而是首先思考这个你必须回答的问题：这位客户在未来 30 天内更有可能做哪些事？是订阅一项服务、寻求帮助还是升级软件？这会给你带来利润还是造成损失？想到这里你应该有思路了。除此以外，还要确保在你给出答案后，你的企业会根据实际需要及时调整策略。

选择用机器学习工具收集数据，比客户更了解他们自己

一些营销人员会使用电子表格查看信息的简单关联性。

电子表格的每一行代表一次对话或交易。第一列：成单金额是多少？第二列：客户是通过移动应用程序订购的吗？第三列：客户是否使用了我们网站的特殊工具？他们会将数字加权并对结果进行分类，然后得出一个结论：在某个渠道下单并使用了某种功能的客户退货率较低。

但更多时候，面对大量信息时，我们需要更强大的工具，使用一些方法来筛选成百上千乃至上百万个信号的组合，以甄别哪些信号重要，哪些信号毫无价值。

机器学习可以替我们做这项工作。

你没有听错，我说的就是机器学习。不必害怕，你完全可以驾驭它。

我知道，一提到机器学习，你可能会认为它是一项复杂、技术含量较高、博士科研级别的学科。但实际上，你不必对它做极其深入的研究。举个例子，你口袋里的苹果手机的数据处理能力大约是帮助人类登上月球的阿波罗计算机的10 000倍，但这并不意味着你必须用它来制造火箭，除非你是埃隆·马斯克。虽然由大师级程序员编写的机器学习程序可以指导汽车实现自动驾驶，或者在我们的游戏中打败最厉害的游戏达人，但你也可以只用它来做一些单调乏味的体力工作。

客户可能在你的网站上执行了1 000种不同的操作，但我们只需要整合数据并借用计算机的能力，然后就可以问：“嘿，世界上最聪明的计算机啊，你能告诉我哪些操作重要吗？”

但是，如何才能做到这一点呢？说实话，你需要提供源数据，也就是你收集的所有客户信息以及个人收入、生命周期价值、满意度评分等调研数据。随后，机器学习会尝试找出各种客户特征之间的关联关系，从而预测每一次对话可能产生的结果，或者为实现最终目标提供优化建议。

不要为了自证合理而清洗数据

你可能会惊讶地发现，在很多机器学习项目中，人们将差不多80%的时间花在了清洗数据上。数据的混乱程度绝对会让人感到沮丧：产品配送地址根本不存在；商店没有营业，却有人在售卖店内的商品；同一客户为了领优惠券用不同的电子邮箱重复注册了多个账号。类似的记录数不胜数。

清洗数据变得越来越容易，但对每个机器学习项目来说仍然是个严峻的考验。你要循序渐进，不能操之过急。当你进入下一个步骤时，从交易数据或网络分析数据等比较清晰的数据开始构建，看看能否从中发现有用的东西，然后进行清洗和扩展，以获得更深层的启示。

确定方案的落地时间

在接下来的 180 天里，整合所需资源，设法回答你在一开始为企业设定的问题：那些可能告诉你答案的信号是什么？这是一个有望完成的任务：有既定的目标，必要时也需要做出决策和妥协。你需要从头到尾跟进，发现业务问题，深入思考你需要问的问题，并学习如何提取和整理回答问题需要的数据。

与我合作过的公司在这方面的最短用时是 4 天——这不完全是这家公司数据专家的功劳。当你真正运行此类测试时，你会发现，不是机器学习让你感到压力重重，也不是人才和数据的匮乏阻碍了你前进，最大的挑战来自公司的内部流程，这个流程包括如下环节：共同协作定义问题—清洗数据—通过审批流程—将为顾客设计的解决方案贯彻落地。马上开始行动，积极尝试。第一轮运行结束后，找出瓶颈，再次行动。

四个原则，识破客户没有说出口的话

营销人员通常很快会把机器学习这样的技术项目移交给负责机器学习的人，让他们继续运作。这种做法十分不可取，你千万不要这样做。你要确定哪里是接收客户信号的最佳位置，以及使用何种方式将你所学的知识融入对话。下面是几个基本原则。

持续评估数据，了解客户对你的印象

这一点很容易理解：你需要持续地评估预测结果。如果你打算预测某人谈及你的频率，也就是你的口碑或他对你的品牌的印象，那么你需要一种可靠的方法来检验预测结果，否则就无法了解你的预测是否准确，也就无法知晓你所期待的事情能否实现。

探索数字世界，了解你更可能吸引哪类客户

如果你只尝试过在教堂做礼拜时与人会面，那么你就不会对约会场景有太多了解，因为你只去过一个地方，见过一类人。你应该大胆尝试，探索数字世界提供的信息，并借助这些信息提出不同类型的问题，挑战自己的假设，思考答案带给你的启示，否则即便利用机器学习技术，也无法得到任何关于客户的新发现。

走出家门，了解外面的世界，与不同的人交流。这是除避免提出引导性问题而影响测试结果的惯常方法之外了解人们的偏好的另一种方法。

你收集的数据的局限性也可能导致偏差。你只能根据过去的对话类型来构建预测模型。如果你接触人的方式非常有限，或者只专注于接触某些类型的人，那么你的预测能力会受到限制。

我强调这一点，不只是想告诉你利用现有领域数据进行预测的局限性，而是更希望你能够探索新领域，捕捉更多的数据，了解当你尝试用不同内容触达客户时的对话走向。

不要重复“造轮子”，现成的模型可能效率更高

消费者的某些行为是可以预测的。我们将在后面的章节中介绍一种统计模型，这种模型不仅可以用于理解对话的价值，还可以用来理解整体客户关系的价值。此类模型可能比机器学习更好用，而且是现成的，无须自行搭建。这些模型对你的数据要求较少，因此你可以选择这条捷径来加快数字化进程。

你可能会惊讶于竟然有如此多公司的相关人员出于错误的原因选择了机器学习。他们会说：我们要自己构建模型，因为我们的业务与其他公司的业务存在差异，所以我们与客户的对话与众不同。请注意，不要好高骛远、一意孤行。你要明白，有时使用这些技术相对成熟的模型远远胜过从零开始编写机器学习程序。认识到这一点可以为你节省大量时间，让你少走很多弯路。

作为一名营销人员，你不必全面掌握所有模型和技术的工作原理，但你应该了解现有工具，并为分析师提供相关信息。这意味着你需要找到技术与行业应用之间的交点。留意该领域的学者提出的最新理念，也就是那些出现在期刊

上、研讨会上以及研究论文中，而作者还未将其商业化的研究成果。阅读这些文章开头的摘要部分，查看结论部分对于企业管理的启示，并由此拓宽自己的思路。让你的数据科学家和分析师对这些信息进行分类。剩下的事情就交给机器学习吧，这将帮你节省一些时间。你需要做出明智的选择。

持续优化营销手段，不断重复只会让客户生厌

本章开头提到的汽车制造商调整了广告信息传达的重点。他们现在致力于将对话逐步引向客户将采用哪种付款方式购买新车。他们发现，汽车的销量得到明显的提升。刚开始一切顺利，但没过多久，问题也随之而来。

我打开汽车制造商的网站那一刻就明白了问题所在：各种借贷优惠信息充斥着整个网站，而那些炫目的汽车照片通通被贷款广告所取代。“贷款计算器”替代了原来的“找到最近的经销商”工具栏。行动号召、电子邮件活动、社交媒体帖子——所有促销方式都在为你的新车保驾护航。

但凡事过犹不及。是时候用最新数据重启模型，开启新的探索之旅了。

寻找优化之道是营销人员应始终坚持的追求。一旦将客户对贷款的感兴趣程度视为衡量营销成功与否的标准，贷款信息就会优先于所有其他内容展现，即便富丽奢华的内饰图片、详尽的产品规格书和“找到最近的经销商”也是促成顾客下单的必要内容，营销人员依然会更重视贷款信息。

这就好比某一天，你穿了一套大家都喜欢的衣服，如果第二天、第三天，以及接下来的几周你一直穿这套衣服，那么大家对它的反应就会发生变化。人的品位会改变，市场和竞争对手同样如此。

你所洞察的信号不会一成不变，因此要不断地提问、运行测试、寻找信号。在充分利用现有资源的同时不吝投资，为明天寻找答案。

CONVERTED

06

引导客户自行下单，避免花大笔广告费吸引到“错误”的人

你可能看不出来，我是某些品牌非常重要的客户——VIP客户。作为一个超级优质的购物者，我有资格享受免费优先配送服务，能够提前知晓折扣信息，以及拥有独家优惠券。

至少，一家网上零售店在电子邮件中是这样评价我的。

我不由得在妻子面前扬扬得意起来，因为她在过去的一年内从那家零售店里购买了30多次商品，但她从未享受过任何优惠，始终按全价购买。而我只买了双袜子，也可能是一件衬衫。

难道我买的商品利润更高？或者男性时装才是他们的主营方向？

还是我更讨人喜欢？我确实在与客服沟通时经常做出微笑表情。

一位在这家零售店里工作的朋友坦言，我让他们的店浪费了太多钱。我非但不是优质客户，还是一位很差劲的客户。

每个行业的龙头企业在评估客户对话价值的同时都会核算成本：与客户互动的单次成本是多少？对话的总成本是多少？一些企业在评估对话成本时，会用它们与客户的通话时长乘以客户代表的时薪，并用累计成本数来判断客户是否值得争取。

这个零售商也在做同样的事情，不同的是，他们关注的是吸引客户对话的广告成本。他们在计算我的点击次数。我在购物时犹豫不决，会等到价格最低时或可以享受合适的折扣时再下单。这意味着我比普通客户点击了更多次广告。我在不断挤压他们的利润空间。

营销团队不得不做出选择。他们可以停止向我展示广告以降低成本，寄希望于我不借助广告就能自己访问该网站。但这样做有可能使我被竞争对手抢走。虽然我正在削减他们的利润，但从整体上说，我还是能够给他们带来利润的。他们的对策是与我对话，引导我的行为。他们具体是如何操作的呢？

不提供优惠政策或不花广告费，也是留住客户的手段

他们的对策是：为我和其他高成本客户提供特殊的优惠，但前提是我们要进入一个专门为高成本客户创建的网站，只有这样，我们才能享受这些优惠。如果我通过点击广告进入了他们的常规网站，那么他们就会像对待我妻子一样对待我：不提供任何优惠（我要补充一句：只有在这种情况下，他们才不提供任何优惠）。但如果我直接进入他们的专属网站，他们就不用花广告费——与此同时，我还享受到了 VIP 待遇。虽然现在我知道了他们的秘密，但是我仍然觉得自己很特别。

不要只做忠实的倾听者，必要时要引导客户下单

如果你倾听了客户的心声并对客户行为做了预测，接下

来就要通过回应来引导对话的走向。

但大多数营销人员只会说两件事。

“这和我第一次说的话一模一样！你买了吗？”

或者……

“好吧，但我还是会一直在网上关注你，直到你下单为止。”

我们越早与客户开启对话，就能越清楚客户的意图，也就越有可能引导对话。这样做不仅是为了控制成本——这种做法确实可以节约成本，更是为了向客户展示自己的企业形象、与客户建立信任关系，进而增加销量。

那家零售店的 VIP 方案仿佛在对我说：“嘿，我很想跟你一起出去吃饭。只是我不是很想去那家三星级餐厅。我们去喝杯啤酒、吃点三明治怎么样？”只是表达方式不同而已。

三种方法，让客户享受听你说话

我无法告诉你该在每一种场景中说什么话，除非你想戴上耳机，听从我的指挥。（你肯定不希望我这样做，因为我会分享很多细节，而且语速会很快。）但我可以由易到难地列举一些实战案例，启发你思考。

保持话题的新鲜感

只有少数网站真正做到了保持新鲜感，而其余网站，无论你访问过 1 次还是 100 次，看到的都是同样的信息、同样的内容，获得的都是同样的体验。这些网站最多会增加一个小小的推荐引擎：你上次看过这件商品，再看看吧！或者是一条个性化问候语：欢迎回来，尼尔！仅此而已。

但你需要在对话中为客户打造个性化体验。如果客户是第一次访问网站，也许你不必催促他们马上下单，而可以说："您好，让我来为您介绍我们的产品吧。我们一起来了解它们的价值。"如果这是客户第十次访问你的网站，你应该让他们看到一些鼓励购买的信息。

具体的操作方法不胜枚举，但万变不离其宗，都是根据见面的次数来调整对话的内容。

说真正能打动客户的话

还记得那位买鞋的顾客吗？她访问了一个网站 261 次，最终在第 262 次时购买了一双标价 450 美元的鞋子。我们的一项内部研究发现，只有 2% ～ 3% 的网上购物者如此“难缠”，但花在他们身上的广告预算高达 10%。

对于此类购物者，即使他们最终购买了产品，也会让你得不偿失。

找出那些耗费了你太多时间、太多资源，或者频繁退货的客户，减少在他们身上无谓的广告投入，把有限的资金用在更有价值的地方。

大多数广告平台允许你在未来的营销活动中或者在某个对话节点之后将这些客户屏蔽，然后测试他们是否会自行回购产品。

换一种说法，留住客户

之前我介绍了如何利用数据预测对话的走向，接下来，我们来看一些实例。

在一个项目中，一家酒店发现顾客通常会在入住前的几天点击付费搜索广告回到网站。他们不会再次预订，而是确认入住的细节问题。这部分广告费用没有为公司带来任何新订单，但公司每年因客户的这类行为而支付的广告费高达14 万美元。

他们的解决方案是，在开始预订前 72 小时向顾客发送电子邮件，在邮件中向顾客说明所有旅行相关注意事项，以及酒店位置、从机场出发的乘车路线等，并且提供了酒店的电话号码，以备顾客的不时之需。邮件顶部的大横幅上写着一句话，大意为“万事齐备，静候光临”，让人过目不忘。

这些电子邮件是免费的，但该公司的经营状况并没有得到改善，反倒因此损失了更多钱。

这究竟是怎么回事？

原来，这些电子邮件不仅告知了客户不需要重复确认的入住细节，还提醒了一些健忘的商务旅行者及时退订房间，否则酒店会收取一笔费用。酒店之所以会这样提醒，是因为这些客人在很久前因某次行程预订过房间，他们以为自己已经退订了房间，其实忘了退订。因而该公司虽然节约了 0.05 美元的广告费，却损失了 200 美元的房间预订费用。

于是，在下一轮对话中，该公司学会了预测哪些顾客可能会取消预订，并将他们从顾客提醒名单中彻底删除。这就是变通之法。你可以选择倾听、提问和学习，也可以选择什么都不做，默默承受损失。

01　最优秀的公司与其客户之间的互动形式正在从“立即响应短消息”转变为“更深入、更持久的对话”。“立即购买”的营销方式在线下会遭遇滑铁卢，在线上也会让你被竞争对手甩得越来越远。如果你无法理解并回应客户向你发出的信号，你就无法胜任营销团队负责人的角色。这种转变的本质是关于从一个与众不同的角度看待营销的，这是一个非常人性化的对话视角。我们已经知道该怎么做了，接下来只需要学习如何在不同的市场环境中调整营销策略即可。

02　切记，无须等拿到全部数据再行动，要从简单的事情入手。与客户对话的目的不是捕捉每一次互动，要学会识别客户行为中真正重要的信号。

03　不要错误地认为，你可以通过收集客户数据和观察客户的行为来掌握他们的一切动向。这种做法不是对话，而是窃听，会令人毛骨悚然，所以要有目的地提问。无论你是否注意到，你都在与你的客户进行对话。掌握提问技巧是进行有效对话的前提。

04　我们无法改变自己的本性。人类一些情绪化的、可爱的行为不一定都符合常理。认识到人类行为的细微差别有利于与客户进行更深入的对话。虽然这类营销活动涉及行为科学，但这不意味着你需要为此获得行为学博士学位，事实上，你只需要学习一些基本知识就能运用到工作中。在与客户的互动中，拥抱非理性将比与客户讨论这样做是否合理更重要。

05　无论何时，你的周围都会有数百条对话信息，这些信息中暗藏着无数信号，这些信号有时甚至是相互冲突的。成功的关键是要了解你应该关注哪些信号，从而预测客户的需求并采取相应的行动。机器学习技术可以帮助你厘清所有信号的意义，这样你就能够抓住商业机会，灵活地应对变化。前事之鉴，后事之师。接下来，你只需要放手一搏。

06　我们永远不知道与客户的对话结果如何，这也许就是对话的乐趣所在。但作为参与对话的其中一方，我们也可以积极发挥作用：我们可以选择接下来说什么，可以削减成本，还可以影响结果。时不我待，不要再做一个被动的观察者了。我们必须认识到，客户的境遇并非都相同，为此我们要具体问题具体分析。这就是我们下一步要努力的方向。

CONVERTED

第二部分

明确你与客户的关系，找到最重要的那部分人

赢得一个新客户

比维护一个现有客户的成本

高 5 ～ 25 倍。

CONVERTED

07

找出生命周期价值更高的客户

每当我讲到那位最终花 450 美元买下一双鞋但令鞋店花掉了大笔广告费的女顾客时，就会有人问出同样的问题：

- 要是她再次回来会怎样？
- 如果她只是需要些时间来了解我们呢？
- 有没有可能现在她已经被我们的品牌折服，认定我们是她命中注定的选择呢？

我明白了。**赢得一个新客户比维护一个现有客户的成本高 5 ～ 25 倍。**[1] 这是研究得出的科学数据。

那么，那位女顾客回来了吗？

她没有回来。而且，她再也不会回来了。

不做一锤子买卖

我们的最终目标是：**不要和任何一位客户做一锤子买卖，不要因为某个人表现出对产品不太感兴趣而感到沮丧，更不要因为与新客户对话困难重重而驻足不前。**我们已经开始与客户对话了，接下来应该怎么做呢？

假如我们讨论的不是一个优柔寡断的人买鞋的事，而是另一件事：你遇到了 100 位顾客，你会期待这 100 位顾客都能带给你同样的价值吗？

当然不会。这种想法是极其荒谬的。

找出能带来 80% 价值的 20% 的客户

正如你在生活中会遇到很多人：有一小部分是你的家人，这里的家人是指真正爱你的人，而不是那些在假期才会聚到一起的人；一部分是你的莫逆之交、你从小到大的玩伴；一部分是游离在你生活圈子边缘的人；还有一些你根本不认识的人。公司的客户也是如此：只有少数客户会是公司的忠实粉丝，他们会购买公司的产品、把产品推荐给其他人，还会反对他人诋毁你们公司的形象。

用数据驱动的方法赢得客户
CONVERTED

找到生命周期价值高的客户

一般而言，无论是在生活中还是在公司业务中，20% 的人脉都将为你带来 80% 的价值。这 20% 的人将决定你的业务发展方向和你的盈利能力。

在这些人中，有你愿意见到并花时间相处的朋友，但随着境遇的变化，他们可能会来来去去。还有一些是机缘巧合认识的人——也许是因为你是唯一一个愿意在凌晨两点接听他的电话的人，这也无可非议。最后是那些只和你有生意往来的人，以及一些对你而言可有可无的人。

你必须弄清楚每一位客户属于哪一类，而不能像大多数人那样对客户一视同仁。

他们对每一位客户的关注都毫无差别：花同样多的成本去吸引客户；给所有客户统一的促销折扣；积极地回应每一位客户的需求。总之，他们对客户完全做到了兼爱无私！

但我们要讨论的是如何找到那些对品牌而言生命周期价值更高的客户，也就是高忠诚度客户。这些客户会记住你，同时希望你也能记住他们。以称呼客户名字的方式欢迎他们回到网站，或者给客户发个性化电子邮件，这些行为不足以让任何人感到被偏爱，对你生命中最重要的人来说，这类做法尤其显得敷衍。

只掌握如何开启一段愉快的对话是远远不够的，你还必须学习如何与重要的人建立关系。

CONVERTED

08

客户生命周期价值，衡量客户重要程度的黄金标准

无论公司是否意识到或者承认，他们都已经与客户建立了各种各样的关系。这是一个关于你对客户的重要程度或与之联系是否紧密的问题：谁是你的莫逆之交？谁是你的泛泛之交？谁和你只是萍水相逢？谁抢到了当日的七五折优惠券却一去不复返？谁和你风雨同舟，却至今还没有得到应有的关注？

事实上，我们可以通过一种方法回答这些问题，并且答案的准确程度可以达到与采用数学计算方法相当的水平，那就是客户生命周期价值是我们用来衡量客户关系的指标。借助围绕客户生命周期价值建立的模型，我们可预测每一种关系的生命周期价值。它也将很快成为营销人员衡量自身对业务是否有价值的不可或缺的标准之一。

像做巧克力蛋糕一样计算客户生命周期价值

计算客户生命周期价值的过程相当简单，我会将它比作一个制作美味佳肴的食谱，例如烘焙巧克力蛋糕的食谱。当然，如果你愿意，也可以将它比作手工酿造啤酒的配方。但由于我对手工酿造啤酒一窍不通，就用巧克力蛋糕食谱来举例吧。我发现，人们通常对此类食物的食谱有自己的偏好，并且带有执念。我所推荐的“食谱”已经在成千上万的顾客身上完成了测试，随后的多项调研结果表明，它比其他“食谱”都好用。但我知道这不足以让每个人都信服，也许你就不认同。但这不要紧，当你计算客户生命周期价值时，可以根据自己的兴趣来选择“食谱”。现在我们开始“做蛋糕”吧。[1]

第一步：准备三类数据作为“食材”

你只需要准备三类数据：交易日期和交易价值[2]，以及可将某一客户的多次交易联系在一起的某种身份信息（见表 8–1）。后面我将用 ID 指代客户的姓名，同时它也可以指代客户编号、客户的电子邮箱、忠诚度计划编号，以及任何与客户的购买记录相关的客户唯一标识信息。

表 8-1　准备好的三类数据

ID	交易日期	交易价值（美元）
1234	2020-01-01	150
5678	2020-01-14	22
9012	2020-02-03	78
3456	2020-02-04	364

我们来谈谈数据量：你需要多少数据？答案是：24 个月或者 6 倍于客户复购周期的数据，以两者中较大者为准。

假设你的客户平均每 6 个月购买一次，那么你需要 36 个月的数据。然后，将数据分为两部分，用前 18 个月的数据校准模型，用后 18 个月的数据验证模型的准确性。如果除此之外，你手边还有几年的数据，那么把它们全都放入模型。即使你的数据量比较少，也要坚持积累数据。有效性测试将揭示模型的预测结果与实际情况的接近程度。

第二步：把蛋糕放进烤箱——将数据拖进分析工具

衡量客户生命周期价值的模型将以一种精妙而又简洁的方式运转。你可以在网上搜索相关的分析工具，然后将数据拖进去就可以了。

接下来，当蛋糕从另外一边出来时，你要准备好接住它。

从长远来看，每个营销人员应当重点关注在烘烤的过程中发生了什么事情，以便掌控整个过程。我鼓励你花时间学习这些模型，学习它们的工作原理，研究其中可以改进的地方。但当前我们只需要关注这些模型的价值：证明它们的有效性，确保它们可以为我们带来一些收益。我在这里剧透一下：它们确实有效，你会因此获利的。但此时要注意，不要因为一点点成功就止步不前，放弃对它们进行深入分析和学习。[3]

第三步：取出蛋糕——得到分析数据

如果你选择了其他“食谱”，那也没有问题，你的厨房你做主，但是当你把“蛋糕”从“烤箱”里拿出来之后，要像表 8–2 这样将“蛋糕”摆放在“桌子”上，也就是要展示数据。

表 8–2　数据展示

ID	客户生命周期价值（美元）	预测交易次数（次）	未来单笔交易的平均价值（美元）	未来交易概率
1234	7 790	82	95	0.99

续表

ID	客户生命周期价值（美元）	预测交易次数（次）	未来单笔交易的平均价值（美元）	未来交易概率
5678	5 250	100	52.5	0.98
9012	3 850	70	55	0.98
3456	3 416	28	122	0.95

你的数据可能会超过 5 列，这取决于你如何使用我的“食谱”或者你自己的“食谱”。你可以灵活处理，这里就不展开介绍了。

你已经预测了与每个客户的关系发展走向。“客户生命周期价值”一列是我们应重点关注的内容，即客户将为你的业务带来多少价值。这代表着商业机会。这种数据的计算方法是用该客户的“预测交易次数”乘以“未来单笔交易的平均价值”。“未来交易概率”是指这个客户再次与我们交易的概率有多大。后文将讨论这一指标。

第四步：品尝“蛋糕”——验证数据

我们怎样判断这些对客户关系走向的预测是否准确呢？难道还要再等上几个月或者几年才能验证吗？如果我们在数

据建模时使用的是企业的所有数据的话，那么确实需要经过这样漫长的等待才行。正因如此，我在前文中才会提到需要将数据按时间分为两部分，前半部分数据用于模型的校准，后半部分数据用于模型建立后的验证。在图 8–1 中，你可以将模型根据前 18 个月的数据预测的客户行为与后 18 个月的实际客户行为进行对比。其中，预测的客户行为用虚线表示，实际的客户行为用实线表示。

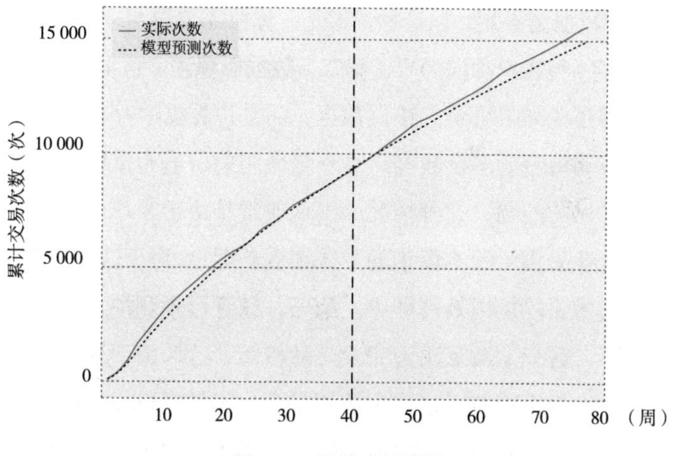

图 8–1　累计交易次数

当然，我们可以用肉眼观察结果，但更好的方式是通过测量两条线之间的距离来量化结果。不必使用尺子，模型有这项功能。如果两条线正好重叠，说明误差为 0 。两条线的偏离程度越高，说明误差越大。平均绝对百分比误差（MAPE）[①] 是用于表示整体误差的术语。如果 MAPE 超过 10%，证明“蛋糕”的质量不够令人满意，不应该让任何人“品尝”。虽然你并不想看到这样的结果，但你必须把你做的“蛋糕”扔进垃圾桶。

为什么有些“蛋糕”会令人失望呢？原因通常有三个。**第一，数据量不足。**在这种情况下，你只需要再花一段时间，多观察一些客户动向即可。**第二，数据质量差。**这里的“差”不是指存在肉眼可辨的错误数据，而是说数据中存在不能被程序自动检测的多余数据。客户生命周期价值为负数是另外一种常见的问题，这种情况的出现通常是由于客户退货过多或者企业采用了亏本促销的方式拓展新客户。对于这种情况，使用技术手段加以处理即可。**第三，缺乏可预测性。**在有些情况下，客户的购买决定完全是随机的，这取决于客户的境遇变化。世事难料，这是生活的常态。比如客户找到新工作时需要支付搬家费，而失业时又不得不透支信用卡。

① 这里应该是作者笔误，将 mean absolute percentage error（MAPE）写成了 mean average percent error，查无此术语。——译者注

想要做出一个美味的蛋糕，对有些人而言轻而易举，而对另一些人而言，可能需要花费更多的时间对食谱加以调整才行。但最终几乎所有人都能成功。

第五步：切分蛋糕——对数据进行分类

在为“蛋糕”的比喻画上一个完美的句号之前，我们还需要完成最后一步。我们已经准备了食材，烘烤了蛋糕，品尝了它的味道，现在该让其他人尝一尝了。接下来你会怎么做？直接把它放在你的分析师面前，让他们拿起叉子自己取用吗？不要那样做，否则你将看到惨不忍睹的场面。所以，你需要用工具将蛋糕切成 5 块，确切地说，是对数据结果（客户）进行分类（见表 8–3）。

表 8-3　5 类细分客户

客户分类	人均价值（美元）	总价值（美元）	占收入的百分比
1	3 200	283 200 000	81%
2	350	30 975 000	9%
3	200	17 700 000	5%
4	120	10 620 000	3%
5	80	7 080 000	2%

在表 8-3 中，排名前 20% 的客户贡献了约 80% 的价值，而最底部的 20% 的客户仅仅贡献了 5% 或者更少的价值。大多数关系都符合这种 80/20 分配原则，即帕累托原则。

当然，你的分配方式可能有所不同。例如，当涉及漂白剂、牙膏和几升装橙汁这类消费品时，客户生命周期价值分布会更加分散。有可能前 20% 的客户只贡献了 50% 的价值。不同行业的客户生命周期价值分布各有不同，有可能存在惊人的差异。

苹果公司发现，它的应用程序商店中有 95.2% 的订单来自 8% 的客户。[4]

对数据进行分类

掌握客户的行为动向并据此采取行动至关重要。因此，无论你将客户细分为多少个组别，数据分类都是最重要的呈现方式。你可以借此与他人分享工作成果，让他们与你达成共识：虽然你今天可能对所有客户一视同仁，但你与少数客户关系的好坏将决定你的业务成功与否。

确保你的首席财务官能分到一块蛋糕

将每一位客户的客户生命周期价值累加起来，你就能很轻松地估算出所有客户对企业的价值，即企业的客户资产。首席财务官也纷纷开始关注此事。显然，这一指标远比“那段时间的每一笔销售都是由市场部促成的”更具说服力，同时那些为了与客户维系关系而做的长线投资也终于得到了认可。你的工作初见成效，现在是时候利用预测结果争取更多预算了。联合产品团队、销售团队，大家同心协力，争取让公司在营销方面加大投入。

CONVERTED

09

将高价值客户留给自己，
将低价值客户留给竞争对手

很久以前，一名对冲基金分析师想创办一家为高质量客户服务的互联网公司。他深知，随着时间的推移，有些客户将会给他的业务带来更多价值。问题是如何找到他们，如何将他们吸引到自己的公司，以及如何与他们建立良好的关系，让他们不断回购产品。

他发现了一个信号：美国的高净值、高可支配收入人群购买某种产品的频率，通常比低净值、低可支配收入人群的购买频率更高。

这种产品就是图书。

这也是亚马逊后来成为业界翘楚的原因之一：创始人杰

夫·贝佐斯①坚信自己找到了零售行业中被其他公司忽视的信号，他要利用这个信号来收集富有的购物者的相关信息。对不能参透其中奥妙的人来说，他的计划毫无意义。这些人完全从交易的角度来思考和讨论这件事：图书本身已经是利润极低的商品，更别提还要免费送货了。这怎么可能撼动竞争对手在市场中的稳固地位呢？

2017年，乔治·帕克（George Packer）在《纽约客》（*The New Yorker*）上发表了一篇文章，这样描述贝佐斯对这类质疑的回应："贝佐斯说，亚马逊将卖书作为收集家境优渥、受过高等教育的购物者信息的途径。为了增加销量，这些书将以接近成本价的价格出售。在收集了数百万名客户的数据后，亚马逊就能找到在网上销售任何其他商品的办法。"[1]

贝佐斯的回答表明，**他思考的出发点是与客户建立联系。**他认为只要能将买书的人吸引到自己的网站，为他们提供绝佳的购物体验并与之建立良好的关系，他就获得了巨大

① 企业如何像亚马逊一样高速增长？《贝佐斯致股东的信》通过21封贝佐斯致股东的信，揭示了亚马逊的14条增长法则。该书中文简体字版已由湛庐引进、北京联合出版公司出版。——编者注

的成功。这种成功不是因为他现在卖给了客户一本书，而是因为他今后可以卖给客户更多种类的产品。**他不仅可以与高价值客户建立长期稳定的关系，还可以把低价值客户留给竞争对手去争夺。**

用数据驱动的
方法赢得客户
CONVERTED

亚马逊成功之道：比竞争对手更了解客户

建立客户关系需要时间，贝佐斯知道亚马逊不会在一夜之间创造奇迹。他与投资者达成的共识是：**在他与客户建立牢固的信任基础并将这种信任关系扩展到其他品类之前，公司将会亏损一段时间。**

这是 20 世纪 90 年代末的事，直到今天，亚马逊仍然遥遥领先于竞争对手。这是因为亚马逊比其他任何公司都更善于了解客户、倾听客户的声音并巧妙地提出问题，然后将它获得的信息用于自身迭代升级。你会发现亚马逊 Prime 会员（高级会员）的平均客户生命周期价值几乎是普通零售商的平均客户生命周期价值的 30 倍。[2]

找到高价值客户的六种方法

我们已经讨论过如何评估客户的价值，筛选出最重要和最不重要的客户，了解这些评估结果对公司的意义。现在的问题是如何运用这些知识来获取更优质的客户。你会发现，企业的第一方数据——你的企业在生产运营过程中收集的自有数据，将给出答案。

作为一名营销人员，你可以通过三种方式来构建业务：**认识新客户（获客）、改善与客户的现有关系（运营），或者挽救那些可能即将终结的客户关系（客户留存）**。这里需要明确一下：你应将主要精力放在获客上。**就像上文提到的识别客户一样，找到高价值客户比激励低价值客户实现价值跃迁容易得多。**我知道，我们都是乐观主义者！客户生命周期价值跃迁确实有可能实现，但真的不太容易。因此，我们来谈谈如何找到更多的优质客户吧。

采取下一步行动

我们以表 8–1 为基础，一个接一个、一列接一列地在结果中加入新的客户行为维度。被优惠券吸引来的客户，其客户生命周期价值是多少？相比于没有使用优惠券的客户，使用了优惠券的客户的客户生命周期价值更高吗？节假日期间获得的客户，其客户生命周期价值是多少？网站获客与移动应用程序获客有区别吗？如果按照客户首次购买的产品品类对他们进行分类，结果会怎样呢？表 9–1 可能是你第一次做出的表格。

表 9–1 从更多行为维度细分客户

ID	客户生命周期价值（美元）	获客渠道	移动应用程序下单	首次购物使用优惠码
1234	7 790	付费搜索广告	是	否
5678	5 250	付费搜索广告	否	否
9012	3 850	社交媒体	否	是
3456	3 416	渠道生态	否	否

这样做的目的是发现高价值客户与低价值客户的特征或行为差异。你可以利用这些发现来优化营销活动，重点关注是什么吸引了高阶客户，并尽量避免使用那些吸引了更多低价值客户的方法和手段。

这是基于第一方数据创建的表格。这些数据归你的公司所有，对你的公司来说是独一无二的，将为你了解客户提供独到的见解。首先，你要尝试找到那些能帮你回答以下问题的潜在信号：哪些人是你公司的高价值客户？这些客户的来源渠道有哪些特征？他们主要是被付费搜索广告吸引过来的，还是被焦点图一类的显示广告吸引过来的？

以微软的 Excel 或 Google Sheets 等简单的电子表格工具为基础，然后利用数据透视表来揭示数据中显而易见的行为特征或行为模式。无须将它做得太复杂，只要方便你上手实践，能够找到并证明你的客户在这些方面的表现确实有明显的不同就可以了。

我仍以谷歌为例："平均而言，相比于其他渠道，从谷歌吸引来的客户，客户生命周期价值要高 24%。而那些点击了谷歌的广告，然后在线下购买产品的客户，其客户生命周期价值比其他渠道客户的客户生命周期价值要高出 27.8%。"[3] 当然，你所在公司的情况可能会有所不同。

其次，你可以引入更多的变量，比如是否下载移动应用程序或忠诚度等级，但需要思考的问题也随之而来：你在搭建这些平台或者制订计划时的初心是希望借此驱动销售吗？你推出移动应用程序是希望它能带动销售，还是在用户的手机上占有一席之地，以便你能够及时地将信息推送给用户？

你的忠诚度计划又是为了达到什么目的呢？它的作用是巩固你与高价值客户的关系，还是奖励那些无论如何都会发生的购买行为？如果答案是你期望这些营销策略能提升客户生命周期价值，但事实上它们并没有起作用，那么你就需要重新评估这些策略了。表 9-2 中的报告样本展示了平均客户生命周期价值与获客渠道之间的关系。

表 9-2　报告样本

获客渠道	平均首笔交易价值（美元）	平均客户生命周期价值（美元）
付费搜索广告	80	6 400
显示广告	360	1 280
电子邮件营销	95	2 000
广告联盟	480	800
视频营销	410	4 500
未确定 / 其他营销方式	65	3 050

研究个体互动的营销人员往往只看前两列。他们只关心“客户从哪里来”和“他们今天花了多少钱”，然后他们从前两列看到广告联盟的平均首笔交易价值最高，就会顺理成章地得出结论：“我要将所有广告费都投在这里。”

但第三列表明，虽然这些人在第一次交易时花了很多钱，但后续并没有多少剩余价值。也就是说，他们虽然今天花了很多钱，但以后不会再来了。从总体上而言，他们并不打算为你的公司贡献很大的价值。获取更多这样的客户是次优策略。

对这个零售商而言，付费搜索广告带来的客户情况则截然相反。虽然这些客户在首笔交易中花了很少的钱，但通常会在后续的交易中花更多的钱。准确地说，他们后续花的钱大概是初次花费的 8 倍。因此，针对他们的投入更明智。

这并不代表同样的营销策略也适用于你的公司。你的公司的数据会给出正确答案。

不要羞于提问

记住，不要只针对你已经拥有的数据进行分析。前文探讨了在与客户对话时提出问题的重要性。询问客户最看重你的品牌的哪些品质，询问客户生命周期价值较高的客户最看重什么，是优质的服务、选择的多样性，还是较短的配送时间？我在第一部分第 3 章讲过，有些公司会使用问卷调查来收集答案。净推荐值（NPS）是一个常见的评价指标："你向朋友或同事推荐我们公司的可能性有多大？请用 0 ～ 10 分打分。"你的目标是确定他们的热情程度与接下来发生的事情的相关性。

相信你的经验

你找到了最有价值的客户。你找出了一大堆你们关系如此融洽的原因。这些知识对你的公司有多大价值？除非你能学以致用，否则它们没有任何价值。

充分利用优质客户的电子邮箱列表，借助网络广告服务商找到更多像他们一样的人，包括谷歌在内的许多网络广告服务商可以以此作为优质客户的衡量标准，进一步开展广告活动，吸引更多的目标客户。你在计算客户生命周期价值时已经完成了所有繁重的工作，现在是时候直接"享用"这些计算结果了。你需要给自己足够的空间，让这些结果发挥作用。

如果你的列表上只有和你关系最紧密的少数客户，那么你也很难在市场上找到足够多符合要求的客户。因此，你在刚开始时可以"广撒网"，比如考虑使用客户生命周期价值排名前 25% 的客户列表，先获取足够多的客户再说。

以利润为导向

第一种方案实行起来非常简单，但缺点是没有充分利用你收集的最宝贵的资产，也就是数据。这相当于你只告诉谷歌“嘿！我喜欢这个人”，然后让谷歌根据自己对这个人的了解施展“魔法”。但是，由于谷歌和客户之间不存在真实的关系，无论是对客户购买的产品，还是对客户点击的广告，谷歌都无法像商家那样充分理解客户这样做的原因。你在之前的测试中积累的对客户的所有了解都应该在你的营销活动中占一定权重。要循序渐进地开展工作。在拓展高价值客户群体的营销活动中要加大投入，同时减少吸引低价值客户群体的营销活动投入，边实施边验证。

专注于客户的潜力

每当开始一段新的客户关系时，你都要预测它的价值。如果你希望广告服务商能为你推荐新客户和更有价值的客户，那么你也要与他们共享这些数据。否则，你的广告服务商伙伴不知道接下来该把你介绍给谁。你可以通过更新回传给广告服务商的交易（通常被称为转化价值）来完成此操作。大多数营销人员回传的数据是单笔交易的价值，也就是单次直接购买的价值。而精明的营销人员已经开始准备将客户生命周期价值，即客户对其公司的长期价值，作为回传数据使用了。

对于以上三种找到最有价值客户的方法，我更推荐哪一种呢？第一种方法的目标是找到类似的受众，胜在简单明了。第二种方法按用户特征对客户进行定位，更具有挑战性，因为你不仅需要说明哪些客户有价值，还需要说明为什么他们有价值。但如果你想要获得更广泛的潜在用户群体以及更深入地了解他们，例如他们喜欢的产品、他们共同的行为特点，从而进行持续迭代的话，那么第三种方法最合适。因为它将回传的转化价值升级为客户生命周期价值，这正是你想要的。但这并非一蹴而就的事情。最好从简单的地方开始，不断学习，打好基础并持续迭代。

试试相反的方式

请记住，很多事情反过来也是成立的。正如你可以找到识别高价值客户的特征一样，你也可以找到那些能够标识低价值客户的特征并将其排除在获客属性之外。没有必要刻意结束这些关系，毕竟低价值客户仍在购买产品。你只需要确保你没有在他们身上投入太多精力就行。因为他们的利润回报很低，投入太多精力会得不偿失。你的精力和金钱最好花在更有价值的地方。

需要注意的是，不要将你所有的钱都用来追踪更多高价值客户，不要马上就这样做。要逐步小幅增加对高价值客户的投入，同时逐步小幅降低对低价值客户的投入。时刻关注客户的反馈，确保你的努力得到了回报，这样做也可以为可能遇到的风险留出缓冲空间。

从三个角度与客户沟通

相信第一印象

你的客户数据可能过多，也可能过少。你要从哪里开始分析呢？我的建议是从第一次互动的数据，即“第一次约会”开始。重点关注这期间的用户行为，从客户购买的产品类别，到获客的时机，再到客户使用的优惠码，你大致可以判断他们未来购物的趋势。正如奥斯卡·王尔德所说："我对人们的第一印象一贯正确。"[4]

通过行为判断客户

在早先的目录营销时代，你能收集到的客户的信息非常有限。你无法看到他们打开过多少次你的产品目录，他们最先看的是哪一页，他们在哪里就职。营销人员只能通过人口统计数据来做客户定位。因为人口统计数据是真实的，也是他们熟悉的。这就是为什么营销人员喜欢创建用户角色模型。比如：

> 简，34 岁，新婚，有两个孩子，喜欢穿着露露乐蒙（Lululemon）品牌的衣服在客厅中央踩 Peloton 动感单车。

相比之下，用户行为特征则略显无趣。比如：

> 这是塞西莉亚，她在下单之前曾 11 次访问我们的网站。

但实际情况是：**购买的产品、访问网站的次数等行为属**

性比年龄、性别、家庭收入等人口统计数据更有价值。创建用户角色模型没有错，但如果营销人员只关注人口统计数据，那么他们就关注了错误的对象。

去分析数据吧，**看看你的客户实际在做什么，在买什么。**

善用工具

你可能会遇到这种情况：当你拥有成千上万个各不相同但又相互关联的信号时，使用电子表格就行不通了。你分析了所有显而易见的答案后，可能会发现自己遇到了一个难题，那就是如何揭开隐藏在表象之下的更深层信息。

对一些公司而言，他们可以尝试使用前面提到的机器学习技术来解决问题。相比于人类分析师，计算机可以更高效地分析和处理数据。机器学习技术可以自动分析数据，可以揭示你可能遗漏的模式以及可能发生了变化的模式。如果你部署了采集工具，它有可能仅在你的网站上就能采集到超过 10 万个事件的信息。面对如此庞大的数据量，你无法手动进行分析，也就无法让它们充分发挥作用。12 月，在美国加利福尼亚州通过自己的移动设备下单并全价购买你的产品，同时又享受了免费送货特权的每一位客户都具有超高的客户生命周期价值，但这种洞察力带来的喜悦可能转瞬即逝，因为符合这些条件的客户非常少。因此，机器学习技术无法识别这种行为的价值。

尽管如此，机器学习技术的好处仍是不言而喻的，而且从某种程度上来说，采用该技术是非常必要的。只是不管哪个资金雄厚的初创公司告诉你它有多神奇的作用，都不要错误地认为你从一开始就需要它。在采用更复杂的技术之前，要先证明你可以通过简单的细分获得新的高价值客户。

CONVERTED

10

公司难以承受之重：获客成本远高于客户生命周期价值

100 万人走进硅谷的一家酒吧。
没有人买东西。
这家酒吧宣布自己取得了巨大成功。

这个杜撰的故事成了一个老掉牙的笑话。

但我要说的这家志向远大的独角兽公司与众不同。它占尽天时地利人和。它的平均客户生命周期价值为 550 美元，而获客成本仅 4 美元多一点。相比于 550 美元，4 美元简直不值一提。在财大气粗的投资者的帮助下，该企业获客数量呈现令人欣喜的爆发式增长。该公司富有远见的首席执行官与其出色的管理团队以及他们的客户大军，共同为重新定义人性谱写了动人的篇章。

但紧随其后的是一场挥泪大甩卖。第二年，这家独角兽公司的估值骤降98%，对投资者来说，这个笑话不再好笑了。在一位被解雇的高管和几品脱啤酒的帮助下，我们追溯了这一系列事件发生的过程，了解了故事的内幕。这个故事令人警醒、发人深思，这家公司也值得同情。这样的结果绝非决策者的愚蠢所致，它可能发生在任何人身上。

投资者设定的增长目标虽然过于激进，但仍然在可控范围内。该公司在选择不同的客户群体时，推荐的产品与客户需求并不完全匹配，但仍然可以售出产品。获客成本（CAC）呈指数型增长，峰值接近200美元，但其中的大部分钱本来可以省下。

一个预先创建的报告发出了警报，它在无声地提醒营销人员：新客户和老客户贡献的销售比例分别是多少？这份会定期生成的报告经常被忽视。它揭示了新客户虽然在购买（这是获客预算投入、广告投入和促销活动共同作用的结果），但大多数人不会再回购。

这是一则关于客户生命周期价值的警世故事。你发现问题出在哪里了吗？该公司使用的平均客户生命周期价值是

550 美元。在它的战略宣传和商业计划书中，无论他们是谁，无论获客途径是什么，所有客户生命周期价值都被假定为550 美元。

但实际上，有一小部分客户的客户生命周期价值要远远高于 550 美元，而绝大多数客户的这一指标数据又低得多。虽然你现在明白了并非所有客户的客户生命周期价值都如此之高，只有少数客户的客户生命周期价值能达到这一标准，但他们当时并没有意识到这一点。所以 200 美元的获客成本远远超过了许多客户的客户生命周期价值。由于银行为他们提供了充足的资金，董事会也全力支持他们，因此他们一往无前，最终在判断客户生命周期价值上犯下了不可挽回的错误：他们试图把低价值客户转化为高价值客户，希望能点石成金。

营销团队停止了获客工作，将全部精力都用于激活现有客户：他们投入了更多的资金，增加了营销渠道，开展了更多的促销活动，甚至不惜牺牲利润率。结果，只有一小部分客户回购了产品，大多数客户流失了。最终，该公司经营不下去了，不得不变卖所有剩余资产。这些剩余资产主要是客户名单和一些库存。

低价值客户很难变成高价值客户

许多公司坚定地认为，只要能将客户吸引到自己的网站上，就有能力与任何客户建立长久的关系，进而获得利润回报。只要客户有机会访问这家公司的网站，他们就能发现该公司究竟有多适合他们。给他们发优惠券！为他们免费送货！无论用什么办法都要把客户吸引到网站上来。这类似于多年前的每日特惠促销策略。餐馆、面包店和瑜伽班以每天 5 美元的特价商品吸引了成群结队的顾客，希望通过牺牲成本把这些人变成高价值的回头客。但大多数顾客都没有再回来，他们只对特价感兴趣，而对与你建立长期关系毫无兴趣。

对任何公司而言，将低价值客户转化为高价值客户这种想法都是错误的。**收集一大堆没有价值的客户，试图通过各种激励手段让他们变得有价值，难度实在太大。**因为改变一个客户的行为无异于“改造”一个人，这好比你认为通过坚定的决心和不懈的努力就能将与你毫不相干的路人改造成你的灵魂伴侣一样。但你可以做一些成功率更高的事情，比如，让客户从价值最低这一层级上升一个层级（稍后会介绍相应的方法），但你绝不可能让他们达到最高层。不要将这个目标作为客户增长计划的核心。因决策失误而在商业的荒漠中陨落的公司比比皆是。

在2011年的一项研究中，研究人员针对成功开展交叉销售活动的难度进行了调研。[1]他们在报告中这样写道："调查发现，在参与交叉销售活动后3个月内，有复购行为的客户仅约占2%。"开展交叉销售活动的做法不仅平平无奇、毫无新意，甚至会造成企业的资源浪费……

那么，这家独角兽公司怎样才能避免这一悲剧呢？

用数据驱动的
方法赢得客户
CONVERTED

独角兽公司避免破产的秘诀

这家公司应该识别客户的行为特点，尊重客户消费方式的差异。平均客户生命周期价值具有严重的误导性，也是这个案例中导致该公司做出错误决策的罪魁祸首。一旦认识到这一点，该公司的营销人员就可以及时纠正自己的获客方式，集中精力寻找更多与现有高价值客户类似的客户群体。但是他们不但没有这样做，反而又犯下了一个致命的错误，那就是试图把糟糕的关系变成美好的关系。这种努力徒劳无功，极少有企业能够通过这种方法生存下来。

成功的公司对其最佳客户群体的行为特征了如指掌，并积极开展各种获客营销活动，利用行为特征信息找到这些人。不过即使是成功的公司也会吸引生命周期价值低的客户，尽管他们在尽力远离这些人，但有时也无法避免。因为现实生活就是如此，我们总是不可避免地遇到不想认识的人。不过，我并不建议你直接放弃这些客户。我的观点是，你需要认清现实，了解他们是否可以实现价值跃迁或者他们改变的概率有多大，在权衡投入与产出后再做相应的投资。接下来，我将介绍这一点应如何实现。

实现客户生命周期价值跃迁的三个手段

提出最佳建议

没有比下单更有说服力的信号了。客户要付款了，我们要充分利用这一时刻。推荐引擎可以通过扩大交易规模提升用户每一次购买对应的交易金额：推荐购买更多样式、更多数量的商品，以及推荐购买补充性商品等。例如，你买了玩具小火车，别忘了顺便买电池！一项研究发现，亚马逊商品推荐引擎贡献了35%以上的营收，但超过一半的零售商还没有使用过这项功能。[2] 美国奈飞公司75%的视频是由于推荐引擎的推荐而被人们观看的。

推荐引擎的适用场景不局限于下单。你也可以通过电子邮件活动和显示广告主动推荐。要试着主动出击。只要你推荐的内容与客户相关，这一行为就不会破坏你与客户之间的关系。有证据表明，即使是在商品售出后的48小时内，推荐补充性商品的行为仍然会促成购买。

提供更多产品

这是雄心勃勃的企业的首选解决方案：他们充分利用自己与现有客户的关系将新产品作为补充性商品销售。成熟公司的产品分类明晰，通常成套出售，然而并非所有客户都适合购买套装。但这并不意味着它们不能或不应该尝试销售新产品。我们对客户生命周期价值的估算基于客户永远不会改变这一假设，期待他们始终如一，但这并不意味着他们对新产品和服务一定完全不感兴趣。如果你只卖家具，你计算的是每一位购买家具的客户的客户生命周期价值。但如果你也卖电视，那客户生命周期价值又该如何计算呢？美国保险行业巨头好事达保险公司发现，向现有客户交叉销售新型保险产品的成功率比开发新客户的成功率高 4 倍。[3] 如果硅谷的那家酒吧想取得成功，它就必须尝试交叉销售一些蜂蜜烤翅。

选择正确的促销群体

如果你决定进一步与客户产生联系，希望增强与客户之间的紧密度，那么要注意不要无差别地对待每个人。你需要寻找信号，通过信号判定哪些人是你的目标客户，哪些人因为服务成本太高而必须放弃。(你会发现这一做法同样适用于客户留存，在第 11 章中，我将探讨这一主题，这里就先不剧透了。)

研究指出了这种动态选择方法的积极作用：利用购买时间间隔、退货率和首次购买的产品类别等要素锚定更优质的用户，能够大大提高交叉销售的有效性。[4]

另外，还有研究表明，如果在促销时选择了错误的客户群体，可能会给企业带来消极的后果。虽然从总体上而言，交叉销售可以带来收益，但实际上，每 5 个客户中就有 1 个会让你亏损。鼓励这部分客户购买的代价极高，在所有亏损交易中占比高达 70%。[5] 该研究认为，“不能带来利润的客户交叉购买的次数越多，给企业造成的损失就越大”。

还记得前文中关于提问题的讨论吗？通过询问钱包份额来改进你的提问方式：嘿，戈皮，你每年花多少钱旅行 (或购买书籍、冷萃咖啡等)？如果你得到的份额只占戈皮的支出中的一小部分，你就有可能发展和强化与他的关系。如果你几乎得到了戈皮的支出中的全部份额，那么你们的关系可能就没有什么发展空间了。

CONVERTED

11

巧妙利用数据挽留客户

我们讨论与客户建立终身关系时，就不得不谈到客户留存。客户留存相当于你与客户之间的黏合剂，是一切营销策略发挥作用的基础。酒店的一位客房经理发现了顾客遗落的护照，急忙赶去机场找到了他，而今这家酒店赢得了这位顾客的信任：他下次来这个小镇时，不仅仍选择入住这家酒店，还主动在知名旅游网站猫途鹰（TripAdvisor）上留下了热情洋溢的评论，主动为这家酒店做宣传。一家零售店无条件地为客户十几年前从其打折货架上购买的产品办理了退货，然后它获得了一位忠实客户。这位客户正在翘首企盼店铺上新，并且是第一个等待以全价购买该店新一季服饰的人。我妻子有一次下单购买宠物食品时，将收货地址写成了在芝加哥的我岳母家的地址，而不是我们在旧金山郊外的家的地址。客服说："别担心，我们会把钱退给您。让您的母亲把这些产品捐赠给当地的动物收容所吧。”从那以后，我们只在这家零售店买东西。

听这些故事时请尽量不要笑，但我猜你会忍不住。所有人都喜欢听这类故事。我所遇到的每一家公司都认同客户留存的重要性。但当我告诉他们最优秀的公司是如何留住客户时，他们则遗憾地表示：要是我们的规模和它们一样大就好了；要是我们的利润率和它们一样高就好了；要是我们有能力实施它们的营销策略就好了。但重点不在于规模或利润率。挽留用户的高手们只不过更巧妙地利用了他们的数据。他们会区分哪些客户值得挽留，哪些客户需要放弃。**他们关注的不是单笔交易的利润，而是客户生命周期价值。**

根据数据判断该挽留客户，还是放弃他们

亚马逊在得知其数字视频服务（现在的 Amazon Prime Video）客户对视频的观看体验不满意时，会主动为客户退款。[1]

他们不会像大多数公司那样，担心因此损失 2.99 美元。众所周知，亚马逊目光长远。该业务的营销人员认识到，如果自己不及时介入，客户就永远不会再回来了，所以他们选择及时采取行动挽救客户关系，即使存在问题的可能不是他们的服务而是客户的带宽，他们也会如此。

航空公司也是一个例子。[2] 你也许已经是它们的忠诚度计划（会员体系）中的顶级客户了，但当你要求航空公司免除机票改签费用时，它们未必会照做。因为它们不但会评估你可能带给公司的价值，而且会评估你离开的可能性，然后据此为你打分。

从旧金山飞往纽约是一条利润丰厚且极具竞争力的航线。如果这是你的常飞航线，它们会竭尽全力地让你选择它们，而不是竞争对手。它们知道你一定会飞到它们的枢纽机场，因为那是你的必经之地。你一定会坐在飞机后部的经济舱享受你的旅途。它们笃定下次还会见到你。

认真维护你与重要客户的关系

如果我和我妻子吵架了，我可能会去花店订一束鲜花，或者精心准备一份经典的意大利肉酱面。即使错不在我，我也一定会这样做。

真的错不在我！

事实上，谁对谁错并不重要，重要的是我与妻子的关系，我知道一定是自己无意中忽略了她发出的需求信号。但如果是我与其他人的关系出了问题呢？也许打一个道歉电话就可以解决问题，假如你们已经有一段时间没联系了，那么发一条短信也可以。

你不能将所有客户都视为商品，就像你不会将你的朋友或家人视为商品一样。否则你肯定会遇到麻烦。但是对你而言，你与优质客户之间的关系远比与其他所有客户的关系都重要。两者要区别对待。

要始终竭尽全力地寻找能反映哪里出了问题的信号，并在不损害公司利益的情况下采取行动。

这是市场未来的发展趋势。由于你的竞争对手已经认识到这一点，并率先完善了他们的市场策略，整个消费者群体对服务的预期随之提高了。亚马逊数字视频服务的例子出自

2012年杰夫·贝佐斯写给股东的信，他在信中解释了亚马逊取得如此成功的原因。毫无疑问，自那以后，亚马逊又改进了客户留存的方法。那么你的公司呢？

三种方法判断改善客户关系的最佳时机

寻找“流失”信号

第一种方法是要找到可能预示着“出了问题”的信号，比如客户关闭了自动订阅程序、访问了如何注销账户的支持页面等意图非常明确的行为。这些行为是非常明显的流失信号。它们就相当于顾客站在入口处，手里挎着背包，宣布购物结束了。挽留这种关系将是一场艰苦卓绝的战斗。你还可以寻找其他信号，例如客户使用服务的频率降低了、客户访问网站的次数减少了、电子邮件打开率下降了等。此外，有的公司也会关注两次购买的间隔时长是否在增加。

第二种方法是建立模型，正如我们在第8章中谈到的那样。你可以利用机器学习技术以及大量数据找到那些标志着高忠诚度客户关系的信号，你也可以使用同样的技术找到存在风险的客户关系。将所有信号综合起来分析比分析单个信号更有效。她还没有回我的电话，这是不是预示着什么问题？别担心，模型会将客户关系中的一切因素都考虑在内。

如果你使用了我分享的计算客户生命周期价值的“巧克力蛋糕食谱”，那么你还可以应用第三种方法，该方法介于前两种方法之间。该方法的价值在于为公司提供了一种客观的视角判断某人是不是真正的客户。很多公司把所有对他们感兴趣的人，比如填写过产品简报申请表或购买过一次产品的人都算作客户，但这种方法极其原始。还有一些公司会在此基础上稍加修改，但仍然显得十分武断。这个人在过去的 12 个月内买过东西吗？在过去 24 个月内买过吗？这样的信息可以作为判断标准吗？

我分享的模型生成了一列叫作“未来交易概率”的数据，这一指标的含义是：根据我们已经观察到的情况分析，这个客户再次购买的可能性有多大？该模型完成了最繁重的计算工作，其结果与你的每一位客户息息相关。未来交易概率可能是 90%，也可能是 10%，当然你与客户之间也有可能根本没有建立联系。

当你每周运行这个模型时，它都会给你一个更新后的数字。通过这些数据你不仅可以看到你与客户整体关系的发展趋势，也可以看到你与单个客户的关系发展走向。（我告诉过你，这是一个神奇的“食谱”。）

权衡客户回心转意的概率

当很多客户都发出了预警信号，预示着你的客户关系正朝着错误方向发展时，你应该对哪些关系进行干预？大多数营销人员会不假思索地说：“当然是针对所有打算离开的客户！”但试图挽留所有客户显然是行不通的。从关系的角度来考虑，如果有人讨厌你，并发誓再也不会跟你说话了，你要扭转这种局面的概率有多大？也许你能挽回败局，但你要付出的努力肯定远比联系一个沉默了一段时间的好朋友要多得多。

你应该只干预那些你想挽留的客户。道理似乎很浅显，但其中仍有一些微妙的差别。只问“谁会离开”是不够的，下一个问题同样重要，那就是：“我们希望他们留下来吗？”如果你同时要将公司营收纳入考量，你是否会缩减与这些客户维持关系的成本？或者你希望他们留下只是想让自己感觉好一点，因为本季度少损失了一个客户？此外你还要意识到，关系再好的朋友有时也会暂时分开。“天下没有不散的筵席”，这句话对你最有价值的客户同样适用。虽然这句话听起来有点刺耳，但我们必须接受这个事实：爱有时也会伤人。假设某位客户的客户生命周期价值为 1 000 美元，他是公司的高价值客户。当他在你这里已经花了 990 美元时，这种甜蜜的关系也基本上宣告结束了。如果你为了获得最后的 10 美元而多挽留他们几个月，很可能徒劳无功。虽然他们确实有可能带给你惊喜，购买更多东西，但实际上如果你真的打算挖掘他们的最后一点价值，那就是把钱花在了错误的人身上。当一段关系自然终结时，你需要从容地转身。嘿，跟你在一起很开心！你已经获得了所有你可能获得的价值，是时候向前看了。

另外一些公司采取了更为激进的方式。它们先下手为强，主动舍弃低利润客户。“他们正在拖累我们的业务。他们占用了我们的资源。我们不欢迎他们。”

大多数证据表明，无论是对业务或是对企业公关而言，这都是一项糟糕透顶的举措。因为这些客户还会来你这里消费，即使只消费几美元也没有关系，毕竟他们还是你的客户。

只是你无须像对待其他客户那样倾听他们的声音或为他们提供相同的服务。你可以在他们身上节省一些广告支出，同时注意不要为了留住他们而投入大量精力。

该送上鲜花，还是华丽转身

你已经回答了“干预谁”的问题，接下来该讨论“怎么做”了。你打算如何留住这些有价值的客户呢？请记住，简单的干预措施往往十分有效。一项研究发现，在一项男士美发沙龙的客户忠诚度唤醒计划中，适度的奖励——每消费 100 美元可获得 5 美元优惠券，使其客户的客户生命周期价值提升了 29%。[3] 这一结果的产生有 80% 源于客户留存率的提高。不过，优惠券的核销率很低。这些发现让人们颇为震惊，因为它们说明起作用的是情感因素，而不是经济因素。所以要从小事做起，不要把市场拱手让给竞争对手。

此外，也不要局限于一种干预措施，因为不同人对不同干预措施的反应各不相同，所以多加尝试是非常必要的。在收集顾客的反馈后，要及时调整测试方法。切记，不要只测试最有可能流失的客户。

假设你去挽留那些必定会离开的客户，比如那些流失率高达 95% 及以上的客户，会发生什么？你可以试着为他们提供一次免运费的机会。但如果他们真的对你的产品不满意，他们会不为所动。好吧，你又尝试了一些更具吸引力的做法：优惠 20 美元！这一次稍见成效，有人回购。你会认为“成功了！虽然我们不得不加大优惠力度，但我们至少留住了这些客户”。

但是，如果你为流失率为 70% 的客户而非流失率为 95% 的客户提供这些优惠，结果会怎样呢？如果只需要向流失率为 70% 的客户提供免费送货服务，效果就很好呢？研究表明，如果你在客户关系受到更大威胁之前没有及时采取干预措施，导致错过了最佳时机，那么未来你想要再挽留他们就必须付出更大的代价。

CONVERTED

12

细分用户行为背后的偏好

2011 年，我入职谷歌后处理的首批项目就包括对数十亿次广告曝光效果进行深度分析，总结增加点击率的方法，即最佳实践。

我们得出了大约 20 个结论，这些见解以创建诱导性行动号召、提升广告记忆点、打造新品牌知名度为中心，至今仍被视为最佳营销实践。

但是，这些见解也有其局限性。

问题不在于我得出的结论，而是这些结论背后的研究方法。这种研究方法无差别地看待每一次点击行为和每一笔销售。但我们现在知道：**点击和购买背后的动机可能千差万别。**

客户缘何选择你

假设你开展了一项调查，87% 的受访者表示，他们在航空旅行中最关注的是低票价。[1] 另外 13% 的受访乘客则认为座椅的舒适性和服务质量最重要。如果你认为每位受访者的答案权重都相同，你就会制订以低票价为基础的营销策略。

但如果你同时知道这 87% 的受访者每年只乘坐一次飞机，而另外 13% 的受访者是为你的公司带来了 50% 营收的常旅客呢？

点击通过率也许表明你的调查活动总体进展顺利，但那些受访者能代表常旅客的平均水平吗？他们只是普通消费者，还是出类拔萃的业界精英？

这就是教训。你创建的任何东西，无论是富有新意的登录页面、广告文案、电子邮件活动还是品牌，都必须考虑它对你与客户关系的潜在影响。高价值客户群体与低价值客户群体无论对品牌调性、产品的耐用性还是对“七五折，只限今天！”这种简单粗暴的促销活动的偏好，都不相同。甚至在销售同类产品的不同企业中，高价值客户的偏好也存在差异。

找到能引起客户共鸣的对话方式

当你一筹莫展、想要寻求建议时，你也许会征求伴侣或父母的意见，或者听一听朋友的意见。你甚至可以向那位在机场返程路上包容你一路喋喋不休的优步司机讨教。但是每个人的意见对你而言都同等重要吗？谁的意见更重要？从现在开始你要整合信息。你已经知道如何识别、发展和留住高价值客户，但要注意你所传达的信息——从你口中说出的话，一定要符合他们的期望。想要实现这一点，需要倾听客户的声音，你需要了解他们在寻找什么，并学会用他们的“语言”与他们交流。如果你的交流对象比较富有，那么他可能不太关心价格，而更看重质量和服务。如果你要同游戏重度玩家交谈，他可能更关注主流玩家关心的话题以外的信息。只锁定高价值客户是不够的，你还需要通过对话与他们产生共鸣。如果双方话不投机，对话就很难进行下去。

对所有客户关系一视同仁的公司会认为，表 12–1 中版本 2 的电子邮件平均打开率更高，因而版本 2 的电子邮件标题更好。然而，关注高生命周期价值客户的公司会得出相反的结论。版本 1 的电子邮件标题能够吸引那些可能为企业带来更高价值的客户。那么你更想吸引哪些人呢？

表 12-1 细分客户的电子邮件打开率对比

客户细分	版本 1	版本 2
排前 20% 的客户（最优）	8.0%	3.0%
排第二位 20% 的客户（次优）	2.2%	3.0%
排第三位 20% 的客户	2.0%	3.0%
排第四位 20% 的客户	2.0%	5.0%
排最后 20% 的客户	2.0%	6.0%
平均值	3.2%	4.0%

是时候创建一套适合你的最佳实践了，这种方法要求你不仅要考虑客户是否曾在你的公司购买产品，更要考虑他们的长期价值。要想将你的企业打造成以客户为中心的企业，核心问题不是计算客户生命周期价值，也不是用广告锚定更多客户，而是学好以下内容：让你对客户形成的见解来指引你应该倾听谁的声音，你需要采取怎样的行动，以及你应该传递何种信息。

事实上，最优秀的公司正致力于探求与高价值客户互动的最佳方法，即寻求一种新的方式与客户沟通。但如果你只关注平均客户生命周期价值，你就不会选择这种方式。探索的过程没有捷径可走，你要为自己的客户负责。

持续衡量营销活动对客户生命周期价值的影响

这一点并不神秘。你每开展一项营销活动或做一次测试，都要持续衡量它对吸引来的客户生命周期价值的影响。它带来的会是能够成为回头客的人吗？还是在限时优惠活动结束后永远不再回来的客户？活动结束后，游戏的下载量不多，但吸引了更多人购买那些让人心情愉悦、利润丰厚的扩展包。你此前学习的计算客户生命周期价值的方法可以派上用场了。是时候为你的公司制订新的营销手册了。

你还需牢记以下三件事：

- **你需要更多的样本来完成这些测试。**当考虑使用平均数以外的数据时，你需要确保每个群体有足够多的高价值客户和低价值客户，以及介于两者之间的客户。要确保你听到的是可以代表每个群体的声音。
- **不要把最高价值客户的范围定义得太窄。**从价值最高的前 1/4 的客户开始。我们讨论的仍然是你想维护关系的朋友，你需要更大的群体进行测试。通过不断学习，你的技巧会更加成熟。
- **一定要尽可能多地了解你的低价值客户，这样你就知道应**

该避免做什么。可能是因为你发出了“我们的产品非常便宜，快来买吧！”这样的信息，所以吸引了低价值客户。

同时，你还需要逆向思维，这类似于反思生活中的经验教训。除了从前往后追踪数据，还要根据最新生成的数据回溯研究。就个人客户而言，如果你有以前的测试数据，何不尝试从最大化生命周期价值的角度来分析这些结果，而不是从一次性交易的角度来分析结果呢？你会根据你所看到的情况做出不同的决定吗？我们无法改变过去，但我们可以吸取过去的经验教训，并将它们应用到未来的工作中。

要在公司内部分享你的学习成果。你的见解将会影响产品开发、服务和销售等各个部门，而这些部门共同追求的目标是：创造更多利润，促进业绩增长。

美国大型网上鞋店 Zappos[2] 发现，最有价值的客户带来的回报率最高。[3] 基于这样的发现，他们采取了怎样的营销策略呢？支持 365 天内退货，并且配送、退货均免运费。高利润以及频繁购买带来的收益足以抵消这个高价值群体的退货成本。用你所学的知识来武装团队里的其他人，敦促他们逐步将工作重心放在满足最重要客户的需求上吧。

CONVERTED

13

摆脱自身经验限制，探索触达优质客户的方法

我们评判一段客户关系为良性或者不健康的标准受限于自身的经验。如果你只售卖过单一品类的产品，那么你很难理解新类别的产品如何能帮助你扩大客户群。如果你仅围绕即时的、一次性的“现在就买，否则我们的营销费用就白白浪费了”这样的目的开展营销活动，那么你就很难看到稳定的客户关系可以带来的长久商业价值与机会。第 5 章介绍机器学习技术的价值时，我介绍过这一点。机会偏爱既有的战略和指标，探索是你打开视野的手段。

你现在所做的事情只是一个开始。你需要为自己的企业收集更多信息，以便抓住更多机会，探索与更多优质客户建立联系的方法。可能会有很多你尚未接触的新客户愿意与你的公司建立长期关系。那么，你应该去了解哪些营销渠道能够触达他们，以及他们想购买的产品类别是什么，这些信息对你来说可能比以往更为重要，现在你就认识到它们的价值了。

以现有经验为起点与客户建立稳定的长期关系

所有营销人员都可以应用我们谈到的原则来完善业务。杰出的营销人员会把这些原则看作一个起点，一个提出新问题、积累新经验的机会，借此逐步与最重要的客户建立更稳定的长期关系。

这就是所有秘密、所有战略的核心：你不应当只关注你的企业当下正在做的事情。你可以像下面这样不断提出问题：

嘿，我们开展了一项活动。每个人都喜欢那辆炫酷的红色小轿车！

我们最有价值的客户喜欢吗？

不，他们喜欢那辆蓝色的卡车。

好吧！我们应该开哪一辆呢？

怀着好奇之心憧憬未来，然后脚踏实地认真做事。

07 不要和客户做一锤子买卖，更不要因为与新客户对话困难重重而驻足不前。不要对所有客户一视同仁。你应找到能带来 80% 价值的那 20% 的客户，然后通过对话与他们建立长期关系。

08 我们要从简单之处入手，利用客户的姓名、交易价值以及交易时间等相关数据，预测客户的下一步行动。我们得出了一个意义重大、极具震撼力的观点：对你的企业而言，有一部分客户比其他客户更具价值。拿到数据后，我们要妥善保存，视若珍宝。随着学习的深入，它将会带给你巨大的财富。

09 我们一直在探讨如何从你所有的客户中筛选出最优质的那一部分人，找到他们的特别之处，然后找到更多拥有这类特质的客户。交朋友时，我们会做同样的事情。回想一下我们交朋友时，是不是会有这样的想法：我喜欢他们身上的这些品质，但讨厌那些品质。随着时间的推移，我们逐渐被那些能与我们和睦相处的人吸引。在营销领域，你正在应用同样的动态选择方法，这是你需要做的最重要的一件事，但不是唯一要做的事。

10　没有人希望硅谷酒吧的笑话发生在自己身上。若想避免这种命运，首先要把你的大部分时间花在获取优质的客户上。做到这一点比“改造”现有客户要容易得多。尽管如此，你也可以采取一些措施让现有的客户关系更有价值。但注意不要盲目乐观，你不可能把毫无价值的客户变成最优质的客户，不过你可以逐步将优质的客户引导到正确的轨道上，还可以引导普通客户多花一点钱。千万不要让盲目乐观凌驾于客观判断之上。充分利用摆在你面前的机会，然后继续前进。

11　大多数公司都认同需要制订客户留存策略来挽留客户的做法，但制订行之有效的计划需要经验与技巧。不要等到客户点击了“注销我的账户”按钮时才猛然发现已经无力回天。你需要掌握识别“客户关系存在风险”的警示信号的能力。我在前文中已经介绍了几种可以尝试的方法。同获客一样，在挽留客户时也不要对所有客户一视同仁。精准定位，审慎决策。不要将任何客户拒之门外，但也不要对所有客户都同样热情款待。

12　数字营销一度完全以提高点击率为工作重心。“让人们点击 + 让人们购买 = 成功”，这种观点一直占据主导地位。与其说这是一种错误的营销方式，不如说它已经过时。如今，最优秀的公司正在做更长远的规划。它们专注于服务最有价值的客户，并将这种专注体现在产品、营销和服务上。它们越来越善于抓住高价值的客户并说服他们留下来，而那些不能顺应潮流的公司必将被甩在后面。

13　我们评判一段关系的标准受限于我们自身的经验。机会偏爱既有的战略和指标。你应该通过不断探索与客户建立长期关系。

CONVERTED

5

第三部分

在组织内将营销方法转化为实际订单

企业中
只有 6% 的营销决策是
基于数据做出的，
而大约 50% 的决策
是根据个人经验、
判断和直觉做出的。

CONVERTED

14

避免单打独斗，
你的同事也是营销方案的一环

我希望我们共同走过的这段旅程已经让你有了很大的收获。回到 450 美元的鞋子那笔交易，希望当初你对它的自信理解已经变为更深层次的领悟，令你认识到了对话的必要性。

同时，你也收获了一种纯粹的乐观态度——在投入了大笔资金后，你一定能够挖掘出订单背后隐藏的客户关系，而这种客户关系在客户关系管理系统中是看不见的。

于是，你开始有了一种自信与豪迈：明天、后天都会越来越好。

了解其他人的立场和动机

光有自信是远远不够的，你还需要了解其他人的看法。

但现在仍然有一件事情横亘在你面前：如果你选择单打独斗，那么你学到的东西是远远不够的。你只是组织中的一员，你所在的公司里的其他同事还不了解你学到的内容。他们会按照自己的认知做决策，按照自己的方式做测试，按照自己的流程和形式验证结果。他们有自己的动机，有自己坚持的立场，同时在夜幕降临时也要面对自己的恐惧。而这些都会导致你仅凭一己之力无法做出巨大的改变。

你将如何引导、带领和组织公司的其他同事踏上和你一样的学习之旅呢？你将如何在公司里开辟一个对话空间，增进对彼此的理解呢？

如果这是你的目标，它能为公司和你自身带来更多利益吗？如果这是你的目标，你应该与他们分享这本书。他们应该会在阅读这本书之后，与你共同开启学习之旅（希望如此）。要坚持下去，因为我将在后文中介绍一些你们可以共同迎接挑战的方法。

CONVERTED

15

小的变通之法可能胜过大刀阔斧的改革

多年以来，华盛顿 K 街上的说客都会邀请当选的官员共进晚餐，以此为自己赢得游说这些官员的时间。只要奉上一份免费的熟成牛排，在接下来的几小时内，官员们的注意力就在你一个人身上了。为了满足说客对舒适的环境的需求，国会大厦周围几个街区内的牛排店如雨后春笋般涌现。

2007 年，美国国会迫于压力不得不采取措施整顿这种现象。唯一的问题是怎样禁止此类行为呢？你可以不允许官员们在 K 街吃晚餐，但之后他们会吃午餐。不许吃午餐？那就吃早餐，或者开胃菜。

这种情况迫使美国国会最终出台了“牙签法案”。

虽然所有堂食都在该项法案的禁止之列，但“必须站着用牙签吃的食物”不在此列。[1] 我们第一次在华盛顿特区的办公室为一些政府官员举办评估研讨会时，还特意邀请了法务部门的人来确保我们提供的所有零食都符合规定。

我们的律师实际上对法案的解读更为严格一点——“食物的尺寸不得超过 1 英寸①见方”，并且必须是“自助”形式的（这一点我很喜欢）。为此，他们还带了一把尺子，差点儿打翻食物。

其中的道理不言而喻。

现在，整个“牙签行业”的人都在探索应对该法案的变通之道，比如下面这家公司：

> Occasions Caterers 是华盛顿特区的一家提供个性化餐饮服务的公司，该公司的联合创始人兼高级顾问马克·迈克尔（Mark Michael）说：“我们必须非常巧妙地使用容量足够大的器皿来盛放食物，这样如果有人吃得

① 1 英寸 = 2.54 厘米。——编者注

> 足够多，就可以像正餐一样吃饱。”经过多年的发展，这些食物已经囊括了 40 种美食，从烤肉串到竹签美食串，再到棒棒糖式甜点，应有尽有。[2]

这看起来很荒谬，对吧？这听起来似乎又是一个“关于华盛顿为什么是一个令人极度沮丧的地方”的课题研究。如此看来，美国政府的行动效率如此低下，实在令人不可思议。

但如果退一步，思考一下当局的目标，即制定法案的初衷——降低说客对官员的影响，因为这些官员出去吃饭的次数太多了，你就豁然开朗了。

仅仅基于这一目标，法案起作用了吗？起作用了。它杜绝了说客邀请官员吃大餐的行为，完全消除了以工作为目的的宴请场景，并明确地为餐品制订了可执行的规则，成功地将 3 小时的牛排盛宴变成了用牙签吃的块状零食。它达到了自己的目的。

这种解决方案完美吗？绝对不完美。但这是向目标迈出的一步。这就是进步。

不要猜，直接问

毋庸置疑，只坐在家里的沙发上琢磨“今晚出门时要跟谁说什么话才合适”可不是一个好主意。因为这样你永远无法走出家门，只能枯坐在家里一直发呆。但换个思路就会更有效：“对于今晚不能做什么，我能根据以前的经历总结些什么吗？”这就把问题范围缩小了。

用数据驱动的
方法赢得客户
CONVERTED

变通之法胜过完美方案

我喜欢“牙签”的故事，因为它说明了一个重要的道理。有太多公司在开发新程序、制订新战略和对数据进行全新的解读时陷入了困境。他们希望一切都尽善尽美，一旦他们认为功能无法实现或者数据不够完整，就会迷失在自己给出的各种理由中。只有在数据清晰、数据收集精准无误，并且已经验证分析模型对各种情况都适用时，他们才有勇气继续下一步。但如果你这样做了，结果极有可能是止步不前。

初创企业明确地知道自己没有全部的数据，也不能得到所有问题的答案，但它们依然能够推动业务发展，这是它们能够脱颖而出的原因。即使工作环境简陋，资金不足，甚至只能在别人的车库里工作，这些创业者依旧对此无怨无悔。他们锲而不舍，用行动证明了自身的实力。他们会采用成功的概率为 90% 的解决方案——世界上最优秀的企业也会如此。这也将他们的初创公司与竞争对手——那些市值数十亿美元的集团型企业区别开来。而这些集团型企业通常会认为凭借其资源、规模和人才优势理应获得完美的数据，但事实上，即使它们设定了更高的标准，也很难通过官僚体系获得高质量的数据。

进步比完美更值得追求

深呼吸！降低期望值。追求进步而不要期冀完美。相信小的迭代式改变会引领你前进。

我很愿意承认这一点：在前面“烘焙巧克力蛋糕”时，我推荐的客户生命周期价值“食谱”不能制作出世界上最美味的巧克力蛋糕。我强调的是，这是迄今为止我吃过的最可口的巧克力蛋糕。你有可能烤得更好吗？没错，我鼓励你追求卓越，但我不希望你在万事俱备之前什么都不做。切勿迷失在细枝末节之中，要持续迭代。

即使对营销策略稍加调整也会带来风险。稳妥的改变通常枯燥乏味、缺乏创意，无法创造更高的销售额。如果我们与营销人员交谈，很多人会说："你看，这个方案要花 5 万美元。要是没有足够的证据证明这个方向是对的，我们就不应该轻易尝试。我们得花几个月时间考虑一下。"但他们没有想过，如果不冒损失 5 万美元的风险，可能就会错失 100 万美元的销售额。他们无视"不作为"的机会成本，也不考虑"在沙发上多待一晚"会错过什么。他们只看摆在明面上的东西。风险如同硬币一样具有两面，有时也要关注它好的一面。

显然，一旦华盛顿当局实施了牙签法案，就意味着有更多的工作要做。那项意在阻止说客为议员购买大块鲜嫩多汁牛排的法案确实发挥了作用，但餐饮行业随后就找到了变通之法。所以现在，当局也需要对该法案的内容做出调整了。

我这么说并不是想打消你的积极性。我想说明的是，即使是绝顶聪明的创意也不会永远奏效。也许你已经找到了有史以来最有效的搭讪方式：你只需对某人说出这些话，对方就会对你一见钟情。但这样绝妙的方法，其他人很有可能也想到了。几个月后，所有人都在说类似的话，这样一来，你的搭讪语就变得毫无新意了。市场和客户也会随之改变。而精益求精是人们永远不变的追求。

CONVERTED

16

兼顾数据与人，推动企业转型的艺术

我在本书前面谈到,一个复杂的转型项目由于野心太大、需要变革的内容过于庞杂而走入歧途。最终，项目负责人不得不恳请董事会再给他们一些时间，让他们重新调整业务方向。正如你所料想的那样，董事会不会同意。

一天晚上，我在纽约市肉库区（Meatpacking District）铺有鹅卵石的街道旁的一家酒吧里，偶遇了发起这个项目的一位高级副总裁。从桌上的酒杯数量上可以看出，他们一行人已经在那里待了一段时间。由于素来与我关系融洽，他又喝了点酒，因而他敞开了心扉。

我问他事情进展如何，他几乎脱口而出：

听着，我快退休了。这个项目对我来说没有任何好处。但我必须做，因为我的上司志在必得。在接下来的几个月里，我要马不停蹄地参加各种指导委员会会议、向董事会同步项目进展的会议和项目例会，但我认为，这个项目不会成功。

要是出了问题，我就会受到牵连。他们有可能会扣除我的部分奖金或股票。更糟糕的是，一旦项目启动，接替我的人就会得到所有荣誉——“看，这个新人一来，营销业绩一飞冲天。”所以，我不干了。

时至今日，我仍不确定他的参与是否足以推动该公司的数字化转型。毕竟项目太过臃肿，利益相关者众多。但可以肯定的是，没有他的努力，转型必然不会发生。

用数据驱动的
方法赢得客户
CONVERTED

动机不同，方法不同

这听起来像一个商业故事，但事实上，这是一个关于人性的故事，同其他所有故事一样，最终反映了人际关系的复杂性：仅仅根据数据来推销一个项目并不能吸引所有人。你需要了解而不是假设团队里其他人的动机、情绪和处境。你要站在他们的角度考虑问题：如果我支持这个人或者这个方案，是否会对我的前途有所帮助？

这并不是说这些人不关心项目的进展。但如果他们的动机与你不同，他们对风险的容忍度可能就会有所不同。与我们共事的人可能会说："你知道吗？我不想去寻找高价值客户，因为这些信号表明，我们派 800 人分发产品目录的线下活动不再有效。我无法接受这一点，也不想改变它。我需要我的团队，我也需要活动经费。"

坦白来讲，这种直言不讳能为我们节省很多时间。然而在通常情况下，这样的信息会出现在一份长达 50 页的幻灯片中，每一页都写满了陈词滥调。

数据并非绝对真理，沟通是赢得支持的前提

你需要掌握谈话的艺术，并始终对建立长期、有价值的客户关系抱有浓厚的兴趣，不过，成功与否取决于你所在公司的实际情况。自负、追求个性与集体利益的冲突，以及一

争高下的内耗，都将限制企业的进步。你会发现董事会、高管和员工之间存在各种分歧；每个团队都会捍卫自己的预算和领地；同事中不乏想要开疆拓土的意气风发之人，也有面对风险畏缩不前之人。

在与他人沟通合作时，我们也需要意识到，使用评估手段和数据来推动组织变革确实是一件十分令人头疼的事情。**要知道，企业中只有 6% 的营销决策是基于数据做出的，[1] 而大约 50% 的决策是基于个人经验、判断和直觉做出的。**

有趣的是，无论你问高层决策者还是初级决策者，他们给出的数字都是 50%。同时，还有大约 10% 的营销决策是根据老板的“旨意”做出的，10% 源自同事的意见。

赢得内部支持的三种方法

不是人们不想使用数据来做决策，而是因为决策过程受很多因素限制。当你发现人们不接受这种决策方法或者没有做出任何改变时，你可以尝试接下来介绍的三种方法，赢得内部的支持。

审视企业的内部环境

如果你认为自己只需热情澎湃地把某个专项研究数据用幻灯片展示出来，听众就会以同样的热情来回应你，那么你未免过于天真了。人们喜欢谈论由数据驱动的决策，因为它听起来很高级，但事实上，每个人都会从自身角色和利益的角度出发来解释数据。你的听众到底想听什么？如果你指出一个营销项目吸引的都是低价值客户，那么这个项目背后的团队就会质疑你给出的理由。你需要了解公司里其他人的动机以及他们会向谁汇报。如果你在传递信息时不顾及听众的感受，不考虑如何兼顾他们的利益，那么你的提议不但得不到支持，还会遇到更多阻力。

给出充分的理由

不同的利益相关者看待业务的方式各不相同，在涉及客户预期以及客户关系时更是如此。比如：

- 我们的客户只关心价格。
- 我们需要在 6 个月内收回获客成本。
- 我们使用这个分析平台了解实际情况。

明确这些假设的来源是很有必要的——它是基于一个测试吗？谁做的测试？什么时候做的测试？使用了什么方法？通常，提出反对意见的可能是探索过客户生命周期价值的人。“我们试过了。”或者更常见的说法是：“我在另一家公司工作时尝试过，但失败了。”但是，他们使用了什么方法，是如何使用的，又是如何评估的呢？

不要许下无法兑现的承诺

你正在进入一片浩瀚无垠的广阔天地，这也将对你的未来产生深远影响。你将摒弃与客户惯用的交易方式，通过客户生命周期价值来评价客户质量。

与其他同类项目一样，如果只是简单地宣布“我们将从现在开始使用客户生命周期价值”（你也会惊讶于有很多人在这样做），那么结果会事与愿违。你需要更具体地说明：“我们将尝试计算客户生命周期价值，届时会用到这些数据。我们会在后续的报告中比较结果，再根据结果采取相应的措施。”高瞻远瞩没有错，但采取小步前进的方式可以降低人们对未来的期望值与焦虑感，使项目稳步推进。

同意并尊重结果

在尝试新事物之前，你需要先得到相关团队的认可，才能根据结果采取相应的行动。与我们合作的公司常常会说："我们将让数据来决定是否行动。"

实际情况是，最具诱导性和说服力的计划源于组织内部的变革。变革意味着打破固有的行为方式。正如人们打算投资一个新领域，就意味着他们不会考虑旧领域了一样。在人们的意识中，有一个胜利者就会有一个对应的失败者。

一旦公司决定要在看到测试结果之后再考虑应该采取何种措施，个人情绪以及主观意志就会起主导作用。人们可能会抛开理论方法不谈，转而根据自己对项目的直观感受，以及综合考虑项目结果有可能对自己的职位和部门预算造成的影响，来解读项目的一些情况。

因此，你需要在测试前就与他们达成一致。例如，对于管理层你可以问：如果我们发现获取更优质的客户比吸引流量更有价值，那么我们是否应该改变关键绩效指标呢？对于你的营销团队成员，你可以问：如果测试表明应该重新分配预算，我们是否准备这样做呢？否则，人们会争论不休，而测试结果也将永远无法得到应用，公司的营销工作也会陷入停滞状态。这并不是我们想要的。

CONVERTED

17

快速、多频次测试，比竞争对手更了解客户

有两家旅游业广告商试图吸引相同的客户。这两家公司没有多少差别，销售的是同一种产品。一天下午，我向它们介绍了我对一项研究的看法，这项研究是“消费者在选择某一特定国际旅游目的地时会考虑哪些因素”。这引起了它们的兴趣，而这两家公司的反应远比我的看法本身更有趣。

第一家公司的首席营销官一如既往地对我的看法表达了赞赏。他说：“嗯，这太棒了！”接着，他又说道：“我们是一家以数据为导向的公司，我们喜欢快速行动。”他同时拟订了测试计划。这家公司从搭建测试模型到完成必要的审批流程大概要 3 ～ 4 周时间。他还邀请我等测试完成后一起检验结果。

随后，我给第二家公司的领导层打去电话，他们也展现了同样的热情，紧接着他们说：“我们明天就测试。”

试想一下，两家公司都认可了我的观点并对它进行了测试。但第二家公司可能比第一家公司提前 3 周得到测试结果，而这还只是一次测试的情况。

像这样的测试，第一家公司每个月做三四次，而第二家公司每周做 40 ～ 60 次。哪家公司会赢？答案显而易见，当然是更了解客户的那家。

快速测试创新方案，赢得发展先机

我们在本书中探讨的都是如何以新的、不同寻常的方式来理解你的客户，以及如何与他们进行沟通。但尝试新事物对组织来说举步维艰：既有的优先事项形成了一道道屏障，对未知风险的恐惧让人踌躇不前，此外，还要对抗人们墨守成规的做事方式。更重要的是，对一个重视成功的组织来说，追求未必能成功的事物是违背直觉的。这里的重视成功地表现为对成功者予以表扬或晋升。这一切很好地解释了为什么简单的“测试”一词能唤起所有营销人员的雄心壮志，但“失败”的可能性又会让他们犹豫不决。

用数据驱动的方法赢得客户

CONVERTED

没必要老是“头脑风暴”

为了赢得生存和发展的先机，你必须鼓励有建树的创新方法，并不断测试。同时，你需要快速学习，因为时不我待，最优秀的营销人员和最优秀的公司都不会停下脚步等你。因此，你面临的问题是，在重重障碍之下，如何快速获得创新方案？不用把所有人聚集在一个屋子里进行一下午的“头脑风暴”，你要做的是每天从获得的数据中发现新的可能性。你还要想一想如何把一个让人忐忑不安的概念诠释得让人跃跃欲试。

确保测试效果的四种方法

号召大家“来做更多测试”并不能解决问题。曾经有一个营销小组来到谷歌园区，在午餐时间提出他们需要做更多的测试。当我问是什么类型的测试时，他们回答：“我们不在乎测试的类型，我们要不惜一切代价做测试，即使它不起作用也没关系。”不出所料，这一需求导致了不必要的广告支出，浪费了时间，而且收效甚微。原来，这家公司此前为了鼓励进行更多的测试，将每个人的奖金与他们运行测试的频率挂钩。这个小组每季度做 30 次测试，这个频率已经相当高了，但和其他小组相比，还是落后了。

这不是我鼓励的做事方式。

我们先将考核指标放在一边，来聊聊最佳实践——如何顺利地开展测试工作。

打破瓶颈，让企业获得高速发展

测试环节的问题不在于提出创新方案，而在于如何将这些方案原原本本地呈现出来。这些测试方案是由直接与数据打交道的分析师提出的，然而它们却在被提交给高层的环节中“遗失”了。一位分析师为她的上级提供了 10 个测试方案，她的上级说：“我不能把这 10 个方案都交给首席营销官。

我们从中选一个吧。”而那位首席营销官管理着 5 个团队，每个团队都会向他提交最佳方案。但由于资金有限，他挑选了一个看起来最有把握的方案。而所有分析师对此都无可奈何，只能感叹：“我的公司要是数据驱动型企业就好了。”

很多伟大的想法就这样在层层传递中被淘汰出局，而并非企业没有时间、资金或执行力对这些想法进行测试。换言之，不是企业没有快速发展的机会，而是这些瓶颈严重拖累了公司发展的进程。

让所有人都参与进来

让所有人都参与测试，很容易获得支持。具体的做法是：使测试成为一个独立的、整个营销部都可以参与的项目。每个人都可以将自己的建议提交到一个地方。你可以使用电子表格或在线表格收集这些建议。你只需要关注以下 4 点：

- 假设是什么？
- 有哪些数据支持这个假设？
- 你如何测试这个假设是否成立？
- 公司将会根据测试结果采取什么新措施？

你避开了所有官僚主义。你通过这种方式收集的建议没有孤岛思维，不会经过层层过滤，不显示提交者的职位头衔，甚至不用显示对方的名字。这个表格甚至不要求你填写你在市场部的具体职位。如果付费搜索专家想到一个社交媒体测试方案，分享就好了。这个方案清单由企业高层管理，最好是由首席营销官管理。稍后我将介绍他们扮演的角色。

这种方法的灵感源自谷歌创新实验室 Google X。[1] 实际上，这是 Google X 在受命解决世界上最困难的问题——运营“登月工厂”时使用的方法。[2]

设立奖项，激励员工摆脱传统思维

对大多数人来说，运行更多测试的期望可能会迎头撞上停滞不前、令人窒息的办公室文化：有太多的想法无法实现，也有太多的测试不能进行。你可以尝试通过发送电子邮件来鼓舞士气，也可以尝试将测试的次数与绩效考核挂钩。但是，扭转这种萎靡不振的状态的最有效方法是发起一场竞赛。这不仅是一个新的业务流程，而且对应一个中奖的机会。晒出奖品：现金、T 恤衫、与老板共进午餐的机会。目的是激励员工摆脱传统思维的束缚，利用数据实现创新。而奖品本身也在一定程度上向他们发出了领导层最终会支持这项工作的信号。

奖励创意，不奖励结果

使奖品发挥作用的真正秘诀是：在测试之前就颁奖。毕竟，我们的目标不是奖励必然会成功的方案、必赢的赌局。你甚至都不需要测试这些方案。**你要奖励的是那些能给企业带来飞跃式发展的最佳假设。这才是关键。**

现在，企业的高管们在月底看到的是一份包含 50、80 乃至 100 个方案的清单，所有方案均用该企业的数据验证过，都是由自己的团队提出的。这是一份写满了公司未来发展机会的清单，并且今天就可以测试。这份清单改变了高层的想法。他们看到，以现有的数据和人员，他们就能获得价值数百万美元的机遇。而他们唯一要做的是找到完成这些测试的方法。一些公司已经开始使用电子表格统计创新方案的提交数量和测试的完成次数，用两者之和作为创新的衡量标准来指导创新工作。

突然间，阻碍测试创新方案的瓶颈成了焦点：无法弄清楚相关费用该由哪个部门出；现有预算不足以测试你的所有方案；方案很难通过批准；更新网站或推出新广告困难重重。

不要只向你的雇员收集方案。你也可以邀请合作伙伴、广告网络合作商、代理商加入竞赛。你得到的每一个想法都对应企业的一个发展机会。

这个过程将使你逐步走向成功，正如已经实施它的无数公司那样。

设计最佳测试方案的六个技巧

虽然每个人都愿意承担更多风险，运行更多测试，但仅有动机是远远不够的。你不能寄希望于凭空生成更多测试。

分析师比你更了解客户

大多数企业高管不了解测试的真正意义。但如果一位首席营销官热衷于最新的好点子，表示自己想运行测试，我敢说，这个测试一定是刻不容缓的，因为他的每一位下属都会不惜一切代价来推进测试。

但是，你在一个组织中的职级越高，你就越难理解在你们公司运行方案测试的难度。权力和权威的背后暗藏着一种神奇的驱动力，但这种驱动力通常无法实现对公司的人才、时间和金钱的最合理利用。

设计最佳方案的人每天都在与数据搏斗，他们渴望有所作为，只差一个良机。直接问他们的意见就好了！你需要了解他们在将自己的设想付诸实践的过程中遇到了哪些困难。否则，他们就只能被大材小用，将时间花在制作可视化数据分析图上。

避免自以为是的孤岛思维

在通常情况下，企业每个季度都会根据某些指标对首席营销官进行考核，这些指标包括本季度的营收、完成的销售额等，在大多数情况下还会考核完成每一项业绩的成本。在这些指标的驱使下，他们想努力确保每一笔钱都能用在完成这些指标上就不足为奇了。

当业务进展顺利时，营销人员往往会感觉一切尽在掌握中，他们倾向于将所有预算都花在广告投放上：“我们的业绩增长速度比以往任何时候都快，简直称得上无往不利。为什么要从稳赚不赔的项目中抽出资金做测试呢？简直疯了。难道你不知道资金是业绩飙升的强大动力吗？”

然后业绩急转直下，销售数据反映了市场营销策略的结果。在试图缩小差距的过程中，每一分钱都弥足珍贵。营销团队倾向于选择安全稳妥、操作简单的策略。在这种情况下，做测试就意味着风险，因此现在不是尝试高风险创新方案的时机，所以他们不会这样做。

那到底什么时间适合做测试呢？看来似乎永远没有合适的测试时间，直到终有一天运行测试变成了你的一厢情愿。你该如何改变这一局面呢？

我所见过的最好的模式是将预算从市场营销团队及其考核指标中分离出来，并将其作为专门为测试成立的团队的考核指标。有几家公司甚至将其命名为“研发团队”，这个熟悉的术语暗示着未来的成功，首席财务官也更容易将其视为投资，而不是支出。至少这种转变给了测试人员大展拳脚的空间，他们不用再担心季度考核目标。

判断这种模式成功与否的最简单方法是，看看我们是否获得了关于客户的新信息。是或不是。

有些决策可以“反悔”

亚马逊还做对了一件事情。贝佐斯将决策分成两类。[3]第一类是不可逆转的决策。他坚持认为，做这些决策时不能操之过急，要审慎思考，仔细斟酌，同时广泛征求意见，进行多方商议后再做定夺。但大多数决策属于第二类，是可以改变的，他称之为“双向门”（two-way doors）。在亚马逊，第二类决策是快速做出的，不需要征求高层的意见。

贝佐斯观察到，组织规模越大，就越倾向于将第一类决策的严谨性延用于第二类决策的制定过程。

这种做法导致决策效率极其低下，最优秀的公司都会设法避免这种情况。有些公司甚至采用了别具一格的方法。曾与我合作的一家公司用汽车的名字来命名测试项目，汽车的售价就代表着测试项目的花费。相比于“凯美瑞”项目，这家公司在对待“法拉利”项目时通常表现得更加小心谨慎。

资料库里可能已经有答案

不要陷入这样的思维误区，认为你遇到的挑战非比寻常，进而忽略了做调研的重要性，错误地认为所有经验都要从头开始积累。

在广告领域，我们已经收集了成千上万次测试的答案。我可以按照垂直领域、国家、公司规模以及时间来细分这些结果。尽管如此，我仍然听到有人说：“不，我们需要自己做测试，因为我们的情况与众不同。”真的是这样吗？

其实，这份包含了上千次测试结果的理论研究宝藏可谓唾手可得。我一路走来引用了其中的很多研究成果，它们对所有人都是公开的。这些已经发表的研究成果正等着你去发现，它们比大多数公司内部进行的研究更加严谨。但是，这个资料库一直没有得到足够的重视。因为很多人认为它过于独特，这主要是由于其中的资料的编写风格过于单调，会让人感觉乏味：它包含 40 页模型和研究结果论述，却看不到一张幻灯片。

将它融入你的测试策略：在测试之前，看一下资料库内有哪些可用的数据。

不要让人帮忙传话

你需要保障测试人员与决策人员之间的信息传递路径足够短。当测试结果向上层传递时，我们通常能看到它会逐渐向人们想要讲述的故事线靠拢。

这种改变很少是恶意的。这就像是一个电话游戏：一句话在传达的过程中会增减词语，从而丢失细节，形成了差异。当传达的步骤足够多时，事实就会改变。你需要直接与做测试的人交谈，而不是与他们的经理或者他们经理的经理交谈，这样你就可以在源头处找到真相。

再好的创意也要不断测试

你已经运行了测试，获得了理解，并且已经开始正式运行了！非常棒！我不想打击你的积极性，但正如我在前面所说的，没有什么东西是永恒的。无论这种创新方案多么珍贵，多么具有诱惑力，都要达成一个共识，那就是确定重新测试它的日期。我曾参与过一些项目，这些项目中的一部分初始假设对是否继续进行测试有重大影响，而它们的来源竟然是未知的。在一家公司的案例中，我发现客户流失率还是20世纪90年代的数据。营销人员称该数据每年都是3%。从那时起他们一直在使用这个数字。

CONVERTED

18

深入分析数据，制订合理的指标

一家中型 B2B 公司的新任销售总监忧心忡忡。上一任销售总监只专注于激励以业绩为导向的短期销售活动，导致客户的满意度较低，客户的流失率较高。即使客户首月完成了高价值的合同签约，但如果他们不准备续约的话，销售团队可能都不会打电话跟进。

该公司希望新任销售总监能改变现状。她深谙“鼓励什么就会得到什么”的道理。她希望销售团队将工作重心放在建立伙伴关系和推动战略增长上。她要求销售人员将自己想象成商业界的绝地大师尤达[①]，而不只是一名销售。为了鼓励团队成员转变意识，她设定了一个基本指标：参与度指标。

① 尤达是《星球大战》中的重要角色。——编者注

销售团队的考核指标除了营收，还包括他们与客户开展的有意义的对话次数。在客户的参与度记分板上，每一次对话代表 1 分。完成营收目标并达到参与度要求的人会得到更多的奖金；如果没有完成，就会被扣除部分奖金。

她还推出了新的考核指标、新的可视化数据报表和新的问责制度。运营部门的报告显示，客户的参与度提高了 300%。销售人员拿到了更多的奖金。运营团队也凭借流程驱动的高效的管理方式受到褒奖，并因此获得了晋升。

但顾客的行为并没有改变。该公司在一项后续测试中将客户分为两组，对待一组客户的方式与以往相同，而对另一组客户给予了更多关注。两组客户的消费金额相同。

于是，他们得出这样的结论：在该行业，只需要拓展交易关系，公司就能得到发展，与客户建立更深层的关系并不重要。

还是说他们把整件事情搞砸了？你会做出怎样的判断？

销售总监想评估客户的参与度，却又担心损害销售团队的自主权。她不希望设立太多规范，比如限定与高级副总裁或更高级别的管理者电话沟通时间不得少于60分钟才记作参与度，因为这不符合商业运作的一般规律。所以她放宽了考核标准，将决定权交给了各销售团队。我与部分销售团队成员谈论了这个问题：

“那么和高管们沟通的电话算不算？”

“当然算。”

“电子邮件呢？”

“当然算。我们在电子邮件中沟通的内容与电话沟通的内容相同，有时沟通得更多。”

“如果他们给你回邮件呢？”

“那就算第二次参与了。”

制订参与度指标没有达到预期效果，相应的改革措施也以失败告终，因为每个人都接受了这些数据代表的含义。一旦运营团队成员得到了表扬和晋升，销售人员就会被淘汰。销售人员真的愿意归还已经到手的奖金吗？

结果，这位高管看到了很高的参与度数字，但这个数字并没有产生任何实际效果。

指标很重要。好的指标可以帮助你识别最佳客户，找到更多类似的优质客户，这一点我在前面已经阐述了。但这里还有一个简单的事实：**任何指标都可以掌控，并且应当通过正确的激励措施来掌控。**

我曾为一家兼营出版和零售的公司讲过一堂营销实战研讨课。我们将团队分成几个小组，根据公司现有的可视化数据报表为每个小组分配一个关键绩效指标。在6轮比赛中，每个小组都要提出改善其关键绩效指标的方法。我们为获胜小组提供了一项重要的奖励：一天假期——这个奖励足以让他们暂时逃离永无止境的愿景宣言和图表，获得一天的清净。

第一轮仍是普通公司的培训模式。各团队对现有计划一一进行诠释，并提出明确且有侧重的改进计划。

“我们准备通过为用户提供卓越的思想领导力和对用户需求的敏锐洞察来提升广告的曝光量。”

到了第三或第四轮，事情开始变得有趣了。各团队开始突破思维局限。

“我们打算将每个页面上的广告位数量增加 1 倍，从而使广告的曝光量实现 2 倍的提升。”

其他团队则对此表达了不同意见，尤其是那些意识到这一做法将会降低点击率的团队。点击率的降低意味着广告商的价值将被稀释。但这不是我们考核该团队的指标，我们对他们的考核指标是广告的曝光量，而他们的做法确实让这一指标有所提升。

还有一个团队表示：“我们会把物流和订单信息放在两个不同的页面中。还有，如果取消商店的搜索栏，人们很有可能就需要点击更多的页面才能找到想要的产品。”

有一位工程师则咄咄逼人地表示：“我们打算降低服务器容量，这样客户就需要更长的时间加载网页。但我认为这无关紧要，因为最终留下来的人的在线时长会增加。”

“外包专家”也发表了看法：“我们不如购买 50 万个社交媒体粉丝。成本应该只有几百美元，这项计划肯定会成为我们有史以来投资回报率最高的活动。”

这招致了更多的反对意见。我试图从中斡旋：你们如何评估今天获得的社交媒体流量的质量呢？

他们没有评估过。没有人考虑过这个问题。

合理性和可复现性，一个好指标的两点

研讨课的重点不是教你如何设定无懈可击的指标，而是希望启发你仔细思考指标是如何对人们产生影响的——无论是有意还是无意的。你要了解能够拉动指标的杠杆，以及这样做的后果。如果你做不到这一点，你就有麻烦了。设定无懈可击的指标几乎是不可能的。营收可能会用现金流来衡量，但有些公司会使用便宜的花招在股票即将解禁时夸大自己的营收。虽然你的领导可能不会明目张胆地在你们公司的网站上增加广告位或购买粉丝，但你的团队可能在重新设计用户界面时分割了广告位，或者你的社交媒体团队也没有认真审查合作伙伴提供的流量质量。

很多公司都会犯的一个错误就是只关注那些表现欠佳的指标，进而激励了一些不当行为。参加董事会会议时，如果

你提供的是绿色数字，你会得到更多赞美而不是审查，但如果你提供的是红色数字，你就要做好被质疑的准备。

最优秀的公司会以同样严谨的态度看待高于预期的数字和表现不佳的数字。也就是说，如果你的数字高于预期，而你却无法解释原因，或者你在某方面表现卓越，但你无法与那些不如你幸运的同事分享你的策略和成功经验，那么你的数字再好也不会得到认可。**显而易见，方法和指标同样重要，如果这些指标不具备合理性和可重复性，领导层就不会接受。**

设置一个给出相反观点的红队

深入了解衡量指标的方法有很多，其中之一是“红队策略”，这是一个源自美国中央情报局的概念。[1]

美国中央情报局在审查一项分析报告时，会委派一个无利益关系的小组找出报告中的可质疑点。这是这个小组的目标，也是一项无法拒绝的任务：面对同样的数据和同样的分析给出不同的结论，并提供最充分的论据。大多数分析师在写报告时希望引导项目负责人做出他们期望的决策。而红队有可能提出截然不同的观点。

在行业中处于领先地位的公司已经在使用这种方法，并根据自己的企业文化对它进行了调整。这些公司不会完全信赖产品负责人的决定，因为产品负责人有动机去引导某个有利于他们自己的决定，或者可能无法跳出孤岛思维模式。企业会指派一个由几名分析师组成的跨职能团队，在高层决策者做出决定之前指出方案中存在的问题，包括：遗漏了什么问题？方案在推进过程中可能会在哪里出错？

此类团队直接向高层汇报，并且团队成员每几个月换一次人，以防止他们自己的主张占据主导地位。

如果你无法创建一个团队，那就找一个同样能开诚布公地提出意见的外部顾问。他们的目标不是告诉你该做什么，也不是为你做决策，而是确保你在做决策之前能够考虑不同的观点，以免增加摩尔多瓦共和国的粉丝迅速涌向你的社交媒体的风险。

一旦你把此类流程落实到位，你会意识到它带来的另一项有意思的好处：项目负责人开始变得更加坦诚。如果你知道某个团队会写一个与你的意见相反的观点，你就会想方设法地抢在前面，否则就会让人感觉你在刻意回避某些东西，或者是你不够聪明，没有在一开始就意识到这一点。

用数据驱动的
方法赢得客户
CONVERTED

让不同的研究人员研究同一问题，才能保障多视角

在美国心理科学协会发表的一项研究中，研究人员为 29 个分析小组提供了同样的数据，并提出同样的问题：与浅色皮肤的球员相比，足球裁判是否更有可能向深色皮肤的球员发红牌？研究发现，这 29 个小组使用了 21 种不同的分析方法[2]；其中 20 个小组的分析结论为“是的，有统计学意义上的偏见证据”，而另外 9 个小组的分析结论为“否”。

研究人员认为：“这些发现表明，复杂数据分析的结果难免会出现重大差异，即使是忠于事实的专家也是如此。”他们得出的结论是，让不同的研究人员研究同一问题，有助于让那些可能影响你做决策的主观因素凸显出来。

CONVERTED

19

知人善用，通过创新手段赢得客户订单的大前提

有的人可以让项目马到成功，而有的人则会把他们负责的每个项目都毁于一旦。你需要能够分清这两类人。我们先来聊聊企业的“暗黑合作艺术”奉行者。如果可以选择的话，尽力避开这些人，但如果你别无选择，那么就要学习如何管理他们。首先你要认清他们的本质。

用数据驱动的
方法赢得客户
CONVERTED

学会识人是企业发展的前提

成功的管理者不仅要有远见卓识，更要懂得如何识别和培养人才。只有这样，企业才能在竞争激烈的市场中脱颖而出。管理者应该认识到，在企业创新的过程中，总会有人支持，有人反对。我们可以将他们分为两类：一类是缺乏创新精神的批判者；另一类是差异的制造者。

接下来，你将会看到他们对企业发展产生怎样的影响，以及你该如何管理他们。

缺乏创新精神的批判者会使企业停滞不前

你需要提升效率，而非“效率专家”

“效率专家”有两个口号。第一个口号是“我想知道我的下一美元会花在什么地方”。他们总是想着花一美元，这很奇怪。我想这意味着他们希望精打细算，所以坚持把严格的问责制作为完成任何事情的先决条件。

第二个口号是约翰·沃纳梅克（John Wanamaker）广为流传的名言“我花在广告宣传上的钱有一半是浪费的；问题是我不知道是哪一半”。[1] 如果在发言的是“效率专家”，那么通常他会在幻灯片的第二页使用这句名言。“效率专家”要的是答案，或者至少喜欢让他人去追寻答案。

他们就像自命不凡的“老学究”，这对任何营销组织而言都是一种负累，因为他们只是一味地想问责，对营销投入的精确回报斤斤计较。

这种做法看似积极，毕竟谁能对问责制提出异议呢？但是，**如果你花费很多时间来弄清楚那笔钱的神秘去向，你也就无形中提高了自己投资新机会的门槛。创新方案测试可能是一个非常低效的过程，至少在一开始是这样，因为你有很多东西需要学习。**因此，“效率专家”们宁可不花钱，也不愿意浪费那笔钱。

这就是企业停滞不前的原因。从某个时刻开始，他们的预算金额实在太高，高到他们只关注如何提高效率的程度。他们不再投资任何有风险的事情，只下安全的赌注，避免采用新的战术，这就导致这些企业无法取得任何进步。

你需要的是提升效率，但不需要“效率专家”。让他们管理供应链或呼叫中心吧。同时你要确保留出 10% 的营销预算用于探索，并且不要用回报率来衡量这笔钱花得是否值得。也就是说，要用学到的知识来衡量它对企业发展的价值，而不是衡量它能带来多少资金回报。这是推动业务发展的奥义所在。

完美主义者的困境

这些人以研究为导向，把公司的每个项目都当作一篇论文。他们希望建立丰功伟绩，因而十分讲求完美的模型、毫无缺憾的测试，并将在期刊上发表测试结果视为最终目标和最高荣誉。他们的聪明才智面临的挑战是，大多数企业很难为他们提供埋头钻研的环境。他们痴迷于得到完美的答案，可惜混乱的现实数字世界并不完美。

你希望这些人加入你的团队，因为他们会挑战别人。他们会提高标准，为测评带来一定的规范性和严谨性，而这些通常是完全由营销人员组成的团队所缺乏的。但你必须接受的现实是，你需要承担一定的风险才能使企业向前发展。倘若企业架构不够完善，完美主义者就会变成拦路虎。市场在短短几周内就可能风云变幻，而完美主义者通常要花几年时间才能将问题研究透彻。

如果你雇用了这些人，你就要有意识地为他们分配工作、传达相关信息。要让他们知道将问题研究到完美对应的机会成本，以及决策本身存在可逆性的现实。你要清楚地表明，接受风险的存在是必要且不可避免的。你要让他们参与需要关注细节的项目，比如将花费大额预算或业务决策不易逆转的项目。此外，你还要强调一个现实，即大型组织需要快速行动才能在竞争中生存下来。最重要的是，要与他们分享你的观点背后的理由。在商业目标的驱动下，执行相对不那么完美的决策对组织而言是可以接受的，随意制订项目期限或出于自我满足而随意做决定是不可接受的。

缺乏安全感的人

我谈到的很多内容都是关于如何利用数据预测客户关系、提出问题、展望未来的。这种特殊的关系值得我花时间吗？这个客户会在我们这里消费很多钱吗？这个客户会流失吗？

但如果你想不惜一切代价地挽留客户，那么这些预测都将毫无意义。缺乏安全感的公司会斥巨资吸引高价值客户，这是合理的，但如果因为担心客户流失而想要追加投资的话，就没有必要了。这些客户之所以具有高价值，是因为模型预测他们会留下来，在他们身上花更多钱只会变相降低他们的价值，也就是在浪费钱。

当模型表明某个客户的价值很低时，缺乏安全感的人会说："我们必须增加投入。"当模型说关系已经走到尽头时，他们也绝不会放手，一定要想方设法地赢得客户。如果不加以控制，他们会将你本可获得的利润拱手让人，还会认为客户生命周期价值之类的方法论是错误的。

管理这些缺乏安全感的人的唯一方法就是做测试。将一个客户群体一分为二，让一组保持现状，对另一组进行干预。然后观察以下问题：被干预的客户的消费额真的增加了吗？他们真的停留了更长时间吗？他们真的值得挽留吗？没有安全感的人是可以被说服的，但前提是他们必须看到成效。他们必须躬身入局，亲自验证测试结果。

差异的创造者能使企业受益

擅长讲故事的人

他们是不可多得的人才。**找出他们，培养他们，珍惜**

他们。这些人具有流畅的表达能力，他们理解模型，尊重模型，并且可以为分析师提供可靠的指导，同时懂得如何让组织中的其他人理解运用模型将为组织带来的发展机会。

讲故事的人知道如何调动财务、销售、市场或产品开发等各部门同事的积极性，让他们参与模型构建，然后帮助他们结合各自的经验、基于各自的视角看到模型可能带来的机会。他们的认知达成了统一，团队热情高涨，而他们中的佼佼者将会成为新方法的布道者，继续将工作向前推进。

意识不到讲故事的重要性的团队太多了，所以他们没有招聘这类人才。他们雇用的更多的是同自己一样拥有高超的数学才能的人。如果他们身处云计算基础设施行业，那这样做没有问题。但只擅长数字计算的人绝对不是能够说服销售团队一起参与进来的合适人选。

你不但需要能够建造桥梁的技术型人才，还需要能够向首席财务官解释你所构建的长期价值模型的意义的人，以及能够与运营部门讨论他们需要提供什么支持来触达高价值客户的人。**你需要擅长讲故事的人，他们能让你的见解浅显易懂、深入人心，也能让那些与你截然不同的人像相信直觉一**

样相信你。

“创业者”，作为催化剂与活性酶

公司内部有许多不确定因素，即使是让全体员工参加会议这样的事情都有可能受到阻碍，更不用说让大家对企业新业务目标达成一致了。当你已经拥有了短期内可落地的目标，以及一个讲故事的人时，如果能再拥有一个特别的通才——我称之为“创业者”，来引领前进，整个团队都会从中受益。这里的“创业者”不是那些撰写过商业计划书或融过资的人，而是那些在时间紧迫、几乎没有支持的关头，在一个小团队内承担起构建基础架构、部署营销动作、制作落地页和运行测试的人。可能他们所做的事情无法达到大企业的水平，但这并不重要，重要的是他们在团队中起着催化剂、活性酶的作用，为团队注入了新的活力，不断推动业务的进展以完成团队的既定目标。

找到“巨人”们的得意门生

我们站在巨人的肩膀上：客户分析领域建立在学术先驱者的智慧和研究基础之上，这些先驱者包括彼得·法德

（Peter Fader）、布鲁斯·哈迪（Bruce Hardie）和丹尼尔·麦卡锡（Daniel McCarthy）。因此，我们有理由相信，下一代创新将由他们的门生做出，这些人能够烤制具有终身价值的蛋糕，并且对蛋糕的配料、制作方法以及如何拓展其应用范围了如指掌。

你可以聘用这些“巨人”们的门生，特别是那些在沃顿商学院修过法德教授 MKTG 476 课程的学生。（该课程曾引发诸多争议。）这些教授还通过各种在线平台发布了他们的很多课程。找到这些门生，或者全力以赴地学好这些课程，把自己变成“巨人”们的门生。

14　如果你选择单打独斗，那么你学到的东西是远远不够的。如果你打算在公司开辟一个对话空间，增进与同事的了解，从而为公司和自身带来更多的好处，那就与你的同事分享你学到的东西。

15　许多营销人员试图找到解决问题的完美方案，这实际上阻碍了他们前进的脚步。如果当局想要杜绝说客们的宴请行为，那么在确信自己能够堵住所有漏洞之前就不要推出新的法规。这种心态低估了微小变化的影响力。一个不完美的措施也许不那么引人入胜，但真正大刀阔斧的改革也很少见。将注意力放在你力所能及的事情上，每天让你的营销实践进步一点点。聚沙成塔，积小致巨。很多营销人员忽略了这一点，他们往往追求的是一劳永逸的解决方案，而通常这种方案永远不会出现。

16　企业永远不会仅根据数据做决策，你的目标也不是彻底改变人们的决策方式。人们不仅会考虑你的数据，还会综合考虑其他因素，包括他们的立场、职位、利益和他们自己的数据。所有因素都会或多或少地影响决策结果。人们也不会因为你说“让我们以公司的利益为重”而放弃自己的原则。

但你可以熟练掌握这个游戏的规则并进一步了解其他玩家的情况。只要了解这些规则，你就能找到应对的办法。如果仅凭一腔热血并且盲目乐观，相信数据就是绝对真理，那么最终你只会陷入困境。

17　对公司而言，获得新方案并不难，难点在于将其付诸实施。利益相关者由于立场不同而产生的竞争关系会阻碍这些方案的实施。你需要建立一种机制，让团队成员心中的想法能够浮出水面，并且你要意识到你应该责无旁贷地测试这些方案的可行性。只推动一个创新方案的实施或一次变革是远远不够的，你需要培养一种不断提出新方案并对其进行测试的文化。你的一些竞争对手现在每周测试几十个方案，他们不会为了等你而放慢速度，你需要加快步伐。

18　成功地应用数据不仅包括使用数据做报表，还需要了解如何计算指标，以及如何用更有价值、更具可控性的方式驱动这些指标。如果你不弄清楚这些就采取行动，可能会被人愚弄。要以流程为中心，然后将这些信息开诚布公地摆在桌面上，让结果更透明，进而获得更好的实施效果。

19　如果你不是电影中的超级英雄，你就需要学会辨识现实生活中能够提升团队实力的人的特征。你还需要识别那些不善于与他人合作的人的特征，即使他们的行为本身并无害处，也要加以引导。你需要抵挡通过增加一批新成员来解决问题的诱惑。引入一个更好的人或剔除一个不合适的人都会对团队产生巨大的影响。搭建一个优秀的团队并非轻而易举之事。事实上，这是一项艰苦卓绝的工作，但必须有人去做。

培养对数字营销的理解与直觉，才是客户“持续下单”的前提

我希望你在读《持续下单》这本书时能产生豁然开朗之感。我从与客户对话开始，讨论了如何以了解客户的真正需求为目的与客户进行交流；我探讨了客户关系，介绍了如何识别重要的客户；我谈到了自我提升，以及如何建立一种推动探索、承担风险的企业文化。我分享我学到的知识，不仅希望你能掌握我提供的答案，更希望这些答案能够启发你提出更多的问题，因为那是属于你的下一段旅程，而我只能陪伴你到这里了。

第一次向客户介绍这些内容时，我下了很大功夫。我

从他们所在公司的客户分类讲起。我当时介绍的内容与表 20–1 中的内容类似。我从价值最高的客户讲到价值最低的客户。

表 20-1 不同类别客户的客户生命周期价值

ID	平均价值（美元）	总价值（美元）	营收占比
1	3 200	283 200 000	81%
2	350	30 975 000	9%
3	200	17 700 000	5%
4	120	10 620 000	3%
5	80	7 080 000	2%

我先描述了这些计算方法背后的方法论以及经过同行评审的研究，然后为他们介绍了其高价值客户的特征，以及他们应该重点关注的客户和应该避免投资的客户。我还通过分析结论向他们介绍了应该将钱花在哪里，以及如果他们这样做会赚多少钱。

我满腔热情地将本书内容浓缩成了20分钟的精华演讲，完美地呈现给了这位客户。客户称赞道：非常清晰！非常有说服力！我停顿了一下，表示同意。

“也就是说……”这位董事长接着说，“你构建了一个模型，告诉我们今天应该在客户身上投入更多的钱，然后等几个月再看回报？但我们不会让市场部或其他任何人在不需要承担任何责任的情况下花钱。我们今天花了钱，今天就要看到客户有没有下单，我们要马上看到效果，就是这样。”

不得不说，这样的结局让人倍感意外，因为我给出的数字是如此有说服力！那天我学到了一些重要的东西：**帮助他人找到自身的问题比直接给他们答案更好；无论证据多么充分都无法招架盲目的自信，而好奇心和求知欲才会让一个企业走得更远。**

现在，我使用同样的幻灯片和更简短的叙述：“这是预测客户将在你这里消费多少钱的方法。从今天起，我们将用同一种方法评估和预测应该在每位客户身上投入多少广告费。”然后，到了提问环节。与会人员开始天马行空，畅所欲言：

- 那么，你对这些数字有多大的信心？
- 怎样做才能带来更多的顶级客户？

- 谁应当承担把糟糕的客户吸引过来的责任？
- 为什么不在购买我们产品最多的客户身上投入更多的广告费？

自然而然地，屋子里的人自我引领走过了一段与你学习本书时相同的探索旅程。他们建立了自身对数字营销的理解和直觉。只有在这种情况下，他们才能贡献自己的创新想法，参与进来，促成企业转型。

我不希望你在放下这本书后制作了一个幻灯片，然后振臂高呼：“这就是我们未来的发展方向！”我希望你去教，去听，去激发他人对客户关系的好奇心，让他们分享自己的想法，进而带给你启发。换言之，我希望你能帮助公司里的其他人，与他们共同成长。而你贡献的研究成果、你未来的建树和你分享给他人的愿景，也将成就你的传奇人生。你的客户会为与你合作而感到庆幸，你的同事、你的投资者将会为加入和投资你的公司而感到荣幸。

See you out there,

-Neil

致 谢

CONVERTED

我要感谢马克·特拉维斯（Mark Travis），他是一位真正的文学匠人，在我写作本书的过程中一直激励我，并不时提出质疑。如果没有他指出的那些问题，这本书可能就像一份公司备忘录一样——没有结构，没有观点，没有信念，很可能没有读者。

感谢企鹅兰登书屋的编辑、文案、营销人员和公关人员，感谢他们为将这些想法推向全世界所做的不懈努力。我特别感谢诺亚·施瓦茨伯格（Noah Schwartzberg）、金伯利·迈伦（Kimberly Meilun）和马戈·斯塔马斯（Margot Stamas），他们是我第一次出书时不可或缺的向导。

感谢我的文学经纪人吉姆·莱文（Jim Levine），感谢你在我需要的时候分享你的人生经验和建议。特别感谢 Fortier 公司公共关系部的团队。在马克 · 福蒂尔（Mark Fortier）和玛丽亚 · 曼（Maria Mann）的带领下，他们坚持不懈地将这本书及其思想带到了新的地方。

如果没有彼得 · 法德的研究和指导，我针对市场营销领域的研究就不会取得现在的成果。很少有人能与他在客户分析领域的贡献相媲美，也没有人像他那样对那些追求同样目标的人慷慨相授。

在过去的十余年里，我有幸与谷歌的同事共事：我为我们共同完成的工作感到无比自豪，但更感谢你们在我职业生涯的关键时刻提出的建议、挑战和指导。感谢艾伦 • 莫斯（Alan Moss）、亚历克斯 • 基涅（Alex Chinien）、艾伦 • 蒂格森（Allan Thygesen）、阿普丽尔 • 安德森（April Anderson）、阿维纳什 • 考希克（Avinash Kaushik）、查理 • 韦斯纳（Charlie Vesner）、简 • 洪（Jane Hong）、吉姆 • 莱森斯基（Jim Lecinski）、约翰 • 麦卡蒂尔（John McAteer）、拉赫尔 • 齐贝尔曼（Rachel Zibelman）、特德 • 苏德（Ted Souder）、汤姆 • 巴特利（Tom Bartley）等人，谢谢你们！

当然，如果没有艾伦 • 伊格尔（Alan Eagle）、尼古拉斯 •

当沃·加尔诺（Nicolas Darveau Garneau）和谷歌其他团队的成员，这一切都不可能实现。他们给了我信心，让我从一开始就有了研究这个项目的勇气。他们贡献了很多经过深思熟虑的观点，并给予了我源源不断的鼓励。能与这些人朝夕相处，是我的幸运。

这本书的出版也得益于一群了不起的人，包括克里斯·冯·巴尔斯克（Chris von Burske）、戴维·库利（David Cooley）、弗兰克·塞斯佩德斯（Frank Cespedes）、凯文·伯格（Kevin Buerger）、马克·丹嫩伯格（Mark Dannenberg）、迈克尔·洛万（Michael Loban）、拉古·延加（Raghu Iyengar）、托尼·卡姆（Tony Kam）和萨拉·诺曼（Sarah Norman），他们都以自己独特且极有价值的方式塑造了这本书。

最后，我要对我的家人说：是你们的爱、耐心和牺牲成就了我。我希望这次特别的冒险会让你们感到骄傲。

注 释
CONVERTED

01 巧妙利用对话，无须太多广告也能赢得订单

1. Polly W. Wiessner, "Embers of Society: Firelight Talk among the Ju/' hoansi Bushmen," *Proceedings of the National Academy of Sciences* 111, no. 39 (September 2014): 14027–14035.

02 从简单处入手，无须等拿到全部数据再行动

1. Keisha M. Cutright and Adriana Samper, "Doing It the Hard Way: How Low Control Drives Preferences for High-Effort Products and Services," *Journal of Consumer Research* 41, no. 3 (October 2014): 730–745.
2. Rebecca Lake, "23 Gym Membership Statistics That

Will Astound You," CreditDonkey, February 26, 2020.

3. Scott Edinger, "Why CRM Projects Fail and How to Make Them More Successful," *Harvard Business Review*, December 20, 2018.
4. Navdeep S. Sahni, S. Christian Wheeler, and Pradeep K. Chintagunta, "Personalization in Email Marketing: The Role of NonInformative Advertising Content" (Stanford University Graduate School of Business Research Paper No. 16–14, October 23, 2016).

03 企业通过对话培养忠诚客户群体

1. John le Carré, *The Honourable Schoolboy* (New York: Penguin Books, 2011.), 84.
2. "Email Trends and Benchmarks," Epsilon, Q2 2019.
3. 这是所有问题中最好的一个。一项调查显示，苹果手机用户的年平均收入是 53 251 美元，而安卓手机用户的年平均收入为 37 040 美元。Robert Williams, "Survey: iPhone Owners Spend More, Have Higher Incomes Than Android Users," Mobile Marketer, October 31, 2018.
4. Andreas Eggert, Lena Steinhoff, and Carina Witte, "Gift

Purchases as Catalysts for Strengthening Customer-Brand Relationships," *Journal of Marketing* 83, no. 5 (September 2019): 115–132.

5. Rex Yuxing Du, Wagner A. Kamakura, and Carl F. Mela, "Size and Share of Customer Wallet," *Journal of Marketing* 71, no. 2 (April 2007): 94–113.
6. Sterling A. Bone et al., " 'Mere Measurement Plus' : How Solicitation of Open-Ended Positive Feedback Influences Customer Purchase Behavior," *Journal of Marketing Research* 54, no. 1 (February 2017): 156–170.
7. Utpal M. Dholakia and Vicki G. Morwitz, "The Scope and Persistence of Mere-Measurement Effects: Evidence from a Field Study of Customer Satisfaction Measurement," *Journal of Consumer Research* 29, no. 2 (September 2002): 159– 167.
8. *The Big Book of Experimentation*, Optimizely, 2017.
9. Alison Wood Brooks and Leslie K. John, "The Surprising Power of Questions," *Harvard Business Review*, May–June 2018.

04 让客户看到你在努力满足他们的需求

1. "Akamai Online Retail Performance Report:

Milliseconds Are Critical," April 19, 2017.

2. HBR Editors, "Cooks Make Tastier Food When They Can See Their Customers," *Harvard Business Review*, November 2014.
3. Ryan W. Buell and Michael I. Norton, "The Labor Illusion: How Operational Transparency Increases Perceived Value," *Management Science* 57, no. 9 (September 2011): 1564–1579.
4. Robert D. Cialdini, *Influence*: The Psychology of Persuasion, rev. ed. (New York: Harper Business, 2006).
5. Amos Tversky and Daniel Kahneman, "Advances in Prospect Theory: Cumulative Representation of Uncertainty," *Journal of Risk and Uncertainty* 5 (1992): 297–323.
6. Cialdini, *Influence*.
7. Todd Patton, "How Are Consumers Influenced by Referral Ming? " getambassador.com, 2016.
8. Margaret Shih, Todd L. Pittinsky, and Nalini Ambady, "Stereotype Susceptibility: Identity Salience and Shifts in Quantitative Performance," *Psychological Science* 10, no. 1 (January 1999): 80–83.

05 捕捉意向信号，找到“中意你”的客户

1. IHL Group, “Retailers and the Ghost Economy: $1.75 Trillion Reasons to Be Afraid,” (research report, 2015).
2. Prabuddha De, Yu (Jeffrey) Hu, and Mohammad Saifur Rahman, “Product-Oriented Web Technologies and Product Returns: An Exploratory Study,” *Information Systems Research* 24, no. 2 (December 2013): 998–1010.

07 找出生命周期价值更高的客户

1. Amy Gallo, “The Value of Keeping the Right Customers,” *Harvard Business Review*, October 29, 2014.

08 客户生命周期价值，衡量客户重要程度的黄金标准

1. Pavel Jasek et al., “Modeling and Application of Customer Lifetime Value in Online Retail,” *Informatics* 5, no. 1 (2018): 2; and Shao-Ming Xie and Chun-Yao Huang, “Systematic Comparisons of Customer Base Prediction Accuracy: Pareto/ NBD Versus Neural Network,” *Asia Pacific Journal of Marketing and Logistics* 33, no. 2 (May 2020).
2. 有些公司为简单起见会使用收入数据，但使用利润数

据效果会更好。

3. 我们采用的方法是 BG/BB 和 Pareto/NBD 模型，这些模型是由美国宾夕法尼亚大学沃顿商学院的市场营销教授彼得·法德（Peter Fader）和英国伦敦商学院的市场营销教授布鲁斯·哈迪（Bruce Hardie）的推广而广为人知的。
4. Epic Games, Inc. v. Apple Inc., N. D. Cal., 4:20-cv-05640-YGR.

09 将高价值客户留给自己，将低价值客户留给竞争对手

1. George Packer, "Cheap Words," *New Yorker*, February 17–24, 2017.
2. Brendan Mathews, "What's a Prime Member Worth to Amazon.com? " *Motley Fool*, February 20, 2018; Danny Wong, "How Ecommerce Brands Can Increase Customer Lifetime Value," CM Commerce, March 8, 2017.
3. Tat Y. Chan, Ying Xie, and Chunhua Wu, "Measuring the Lifetime Value of Customers Acquired from Google Search Advertising," *Marketing Science* 30, no. 5 (September– October 2011): 837–850.
4. Oscar Wilde, *The Importance of Being Earnest*, act 2.

10 公司难以承受之重：获客成本远高于客户生命周期价值

1. Shibo Li, Baohong Sun, and Alan L. Montgomery, "Cross-Selling the Right Product to the Right Customer at the Right Time," *Journal of Marketing Research* 48, no. 4 (August 2011): 683–700.

2. Ian MacKenzie, Chris Meyer, and Steve Noble, "How Retailers Can Keep Up with Consumers," McKinsey & Company, October 1, 2013.

3. Pamela Moy, "Not Just for Newbies: Use Digital to Nurture Your Existing High-Value Customers," Think with Google, June 2017.

4. V. Kumar, Morris George, and Joseph Pancras, "Cross-Buying in Retailing: Drivers and Consequences," *Journal of Retailing* 84, no. 1 (April 2008): 15–27.

5. Denish Shah and V. Kumar, "The Dark Side of Cross-Selling," *Harvard Business Review*, December 2012.

11 巧妙利用数据挽留客户

1. 这项服务最初叫作 Amazon Video on Demand，这个名字很恰当。

2. Gary Leff, "How American Airlines Scores Its

Customers," *View from the Wing*, November 3, 2018; Jeff Edwards, "American' s Top-Secret Passenger Ratings May Come to Light," flyertalk, November 12, 2019.

3. Arun Gopalakrishnan et al., "Can Non-Tiered Customer Loyalty Programs Be Profitable? " *Marketing Science* 40, no. 3 (March 2021): 508–526.

12 细分用户行为背后的偏好

1. 这很容易理解。David Yanofsky, "Half of American Airlines' Revenue Came from 13% of Its Customers," *Quartz*, October 27, 2015.
2. Zappos 自 1999 年创立以来，已逐步成长为美国规模最大的网上鞋店，超过了亚马逊。
3. Addy Dugdale, "Zappos' Best Customers Are Also the Ones Who Return the Most Orders," *Fast Company*, April 13, 2010.

15 小的变通之法可能胜过大刀阔斧的改革

1. Brody Mullins, "No Free Lunch: New Ethics Rules Vex Capitol Hill," *Wall Street Journal*, January 29, 2007.
2. Britt Peterson, "How a Tiny Splinter of Wood Keeps

Congress Clean," *Washingtonian*, March 3, 2016.

16 兼顾数据与人，推动企业转型的艺术

1. Corporate Executive Board, "MREB Customer Focus Survey 2011."

17 快速、多频次测试，比竞争对手更了解客户

1. Google 母公司将 Google X 改名为 X。
2. Peter H. Diamandis, "How to Run Wild Experiments Just Like (Google) X," Singularity Hub, April 28, 2016.
3. Jeff Haden, "Amazon Founder Jeff Bezos: This Is How Successful People Make Such Smart Decisions," Inc., December 3, 2018.

18 深入分析数据，制订合理的指标

1. Micah Zenko, "Inside the CIA Red Cell," *Foreign Policy*, October 30, 2015.
2. R. Silberzahn et al., "Many Analysts, One Data Set: Making T parent How Variations in Analytic Choices Affect Results," *Advances in Methods and Practices in Psychological Science* 1, no. 3 (September 2018): 337–356.

19 知人善用，通过创新手段赢得客户订单的大前提

1. 很多人都曾在作品中引用过这句话，并且认为这句话是沃纳梅克说的，其中包括大卫·奥格威（David Ogilvy）那本于1963年出版的畅销书《一个广告人的自白》（*Confessions of an Advertising Man*）。这句话出现在该书的第86页至第87页。许多研究人员一直在努力寻找沃纳梅克曾说过这句话的证据，有些人认为它实际上是莱弗汉姆勋爵（Lord Leverhulme）说的，但同样找不到证据。无论是谁说的，这句话都非常棒。顺便说一句，莱弗汉姆勋爵是联合利华的前身——英国利华兄弟肥皂厂的创始人之一。

未来，属于终身学习者

我们正在亲历前所未有的变革——互联网改变了信息传递的方式，指数级技术快速发展并颠覆商业世界，人工智能正在侵占越来越多的人类领地。

面对这些变化，我们需要问自己：未来需要什么样的人才？

答案是，成为终身学习者。终身学习意味着永不停歇地追求全面的知识结构、强大的逻辑思考能力和敏锐的感知力。这是一种能够在不断变化中随时重建、更新认知体系的能力。阅读，无疑是帮助我们提高这种能力的最佳途径。

在充满不确定性的时代，答案并不总是简单地出现在书本之中。“读万卷书”不仅要亲自阅读、广泛阅读，也需要我们深入探索好书的内部世界，让知识不再局限于书本之中。

湛庐阅读 App：与最聪明的人共同进化

我们现在推出全新的湛庐阅读 App，它将成为您在书本之外，践行终身学习的场所。

- 不用考虑“读什么”。这里汇集了湛庐所有纸质书、电子书、有声书和各种阅读服务。
- 可以学习“怎么读”。我们提供包括课程、精读班和讲书在内的全方位阅读解决方案。
- 谁来领读？您能最先了解到作者、译者、专家等大咖的前沿洞见，他们是高质量思想的源泉。
- 与谁共读？您将加入优秀的读者和终身学习者的行列，他们对阅读和学习具有持久的热情和源源不断的动力。

在湛庐阅读 App 首页，编辑为您精选了经典书目和优质音视频内容，每天早、中、晚更新，满足您不间断的阅读需求。

【特别专题】【主题书单】【人物特写】等原创专栏，提供专业、深度的解读和选书参考，回应社会议题，是您了解湛庐近千位重要作者思想的独家渠道。

在每本图书的详情页，您将通过深度导读栏目【专家视点】【深度访谈】和【书评】读懂、读透一本好书。

通过这个不设限的学习平台，您在任何时间、任何地点都能获得有价值的思想，并通过阅读实现终身学习。我们邀您共建一个与最聪明的人共同进化的社区，使其成为先进思想交汇的聚集地，这正是我们的使命和价值所在。

浙江省版权局图字：11-2024-270

图书在版编目（CIP）数据
持续下单 /（美）尼尔·霍因著；张溪梦译．杭州：浙江科学技术出版社，2024. 9. — ISBN 978-7-5739-1446-0
Ⅰ. F713.3
中国国家版本馆 CIP 数据核字第 20244KT818 号

书　名	**持续下单**
著　者	[美] 尼尔·霍因
译　者	张溪梦

出版发行	**浙江科学技术出版社** 地址：杭州市环城北路 177 号　邮政编码：310006 办公室电话：0571－85176593 销售部电话：0571－85062597 E-mail:zkpress@zkpress.com
印　刷	石家庄继文印刷有限公司

开　本	880mm×1230mm　1/32	**印　张**	8.375
字　数	188 千字		
版　次	2024 年 9 月第 1 版	**印　次**	2024 年 9 月第 1 次印刷
书　号	ISBN 978-7-5739-1446-0	**定　价**	89.90 元

责任编辑	余春亚	**责任美编**	金　晖
责任校对	张　宁	**责任印务**	吕　琰